LA LOI D'ATTRACTION

Les réponses à toutes vos questions

- L'intégral -

DU MEME AUTEUR

› La Vibration Originelle : Exprimez votre plein potentiel en accord parfait avec votre âme

› Vivre en Accord Parfait avec les Lois Universelles

› 7 secrets cachés sur la loi de l'attraction

RETROUVEZ DORIAN VALLET SUR

› https://www.dorianvallet.fr/
› https://terrecristalline.fr/
› https://lecerclecristal.fr/

ISBN : 978-2-9554033-6-5

Copyright © 2015 Dorian Vallet

Tous droits de reproduction, d'adaptation et de traduction, intégrale ou partielle réservés pour tous pays. L'auteur est seul propriétaire des droits et responsable du contenu de ce livre.

« Le Code de la propriété intellectuelle interdit les copies ou reproductions destinées à une utilisation collective. Toute représentation ou reproduction intégrale ou partielle faite par quelque procédé que ce soit, sans le consentement de l'auteur ou de ses ayant droit ou ayant cause, est illicite et constitue une contrefaçon, aux termes des articles L.335-2 et suivants du Code de la propriété intellectuelle.

AVANT-PROPOS

Cet ouvrage est le fruit de plusieurs années de recherche et d'application de la loi de l'attraction. Vous trouverez ici des réponses précises à des questions fondamentales. Tout ceci représente les bases de votre succès. Je dédie ma vie au développement personnel depuis plusieurs années car il a transformé ma vie et ma façon de vivre. Et je souhaite retransmettre ce qui m'a le plus aidé car je sais que cela peut créer des déclics ou des prises de conscience en vous également.

Mon désir est que chacun puisse profiter de sa vie comme il le doit en étant pleinement soi-même et en utilisant intelligemment les différentes lois de l'univers, à commencer par la loi de l'attraction. Il existe tellement de mythes sur cette dernière. Tant de personnes ont essayé de l'appliquer à leur avantage sans succès et ont alors préféré conclure que cette loi n'existait pas plutôt que de se remettre en cause elles-mêmes.

De mon point de vue, la loi de l'attraction est comme la loi de gravitation. Je ne peux douter une seule seconde de son existence. La loi de gravitation me cloue au sol tandis que la loi de l'attraction attire à moi ce sur quoi je suis connecté. Nous allons aller en profondeur sur ce sujet pendant ce livre.

Ce que beaucoup oublient concernant la loi de l'attraction, c'est qu'elle comprend aussi et surtout l'action. Pas pour rien que le terme « action » est compris dans « attraction ». Penser dans son canapé a rarement fait des miracles, même si certains en sont probablement capables. Je veux ici vous parler de choses concrètes : ce dont vous avez besoin et les outils et exercices que vous devez instaurer dans votre vie si vous voulez arriver à un niveau de maîtrise qui bousculera votre existence de façon extrêmement positive.

La compréhension intellectuelle et la compréhension pratique sont 2 choses bien différentes. Quand vous aurez eu le plaisir d'expérimenter ce qui peut véritablement changer votre vie pour le meilleur, vous aurez une vision plus claire et un recul suffisant sur la vie pour pouvoir bénéficier de l'abondance qui règne autour de nous.

Je vous laisse découvrir ce document qui contient des réponses aux questions les plus souvent posées sur la loi de l'attraction. La différence entre le document que vous avez sous les yeux et un livre de 500 pages, c'est la pertinence des informations. Au lieu de noyer le nectar, je vous le sers sur un plateau. C'est ce que vous devez savoir avant de commencer. Car trop nombreuses sont les personnes qui pensent que la loi de l'attraction n'est qu'un leurre pour faire la fortune de quelques-uns. Elle existe avant tout pour faire votre propre fortune, et ce, dans tous les domaines et aspects de votre vie.

Je tiens à vous dire que ceci est le début d'une grande aventure pour vous. En remerciement de votre engagement, je me tiendrai également prêt à répondre à vos questions personnelles par email.

Je vous donnerai la possibilité de faire partie de mes programmes de formation, ou de me rencontrer lors des séminaires à taille humaine que j'organise quelques fois par an.

Cet apprentissage fait partie de la suite logique mais pour le moment, je me permets de répondre aux questions les plus souvent posées sur le sujet de la loi de l'attraction. Et j'espère que ceci vous permettra d'éclairer votre chemin. Ce livre est l'intégral des trois tomes parus sur le sujet. Sachez que nous irons crescendo au fur et à mesure de votre lecture. J'utilise volontairement la répétition et l'ajout de nouveaux paramètres au fur et à mesure que vous avancez afin de permettre l'assimilation et l'intégration de toutes ces données. Vous avez ici l'occasion de découvrir des notions avancées sur la loi de l'attraction et comment l'appliquer en toute conscience dans votre vie.

Sachez que la loi de l'attraction ne fonctionne pas seule. Vous aurez l'occasion de voir comment elle fonctionne de pair avec toutes les autres lois de l'univers, chose dont personne ne parle, que très peu comprennent et qui est capital pour avoir une compréhension globale et complète de cette loi.

J'espère que vous êtes aussi enthousiaste que je le suis quand j'écris ces lignes car je sais que vous trouverez des réponses qui vous feront avancer sur votre chemin.

TABLE DES MATIERES

Avant-propos 5
Table des matières 8
Qu'est-ce que la loi de l'attraction ? 12
D'où vient la loi de l'attraction ? 14
Comment fonctionne la loi de l'attraction ? 16
Pourquoi la loi de l'attraction ne marche pas pour moi ? 18
Quelles preuves ai-je que tout ceci n'est pas que du baratin ? 21
Comment définir un plan qui attirera à moi ce que je désire ? 23
Comment maîtriser pleinement les pouvoirs qui nous sont inhérents ? 25
Je n'arrive pas à me sentir bien en pensant à ma situation, comment changer cela ? .. 28
Quelle est la voie la plus facile pour obtenir ce que je veux dans la vie ? 30
Comment puis-je savoir si je suis prêt à utiliser la loi de l'attraction correctement dans ma vie ? 32
Comment être sûr que je suis le seul garant de ma réussite ? 35
Comment interpréter les événements négatifs dans ma vie ? 38
Quel effort cela demande-t-il d'appliquer la loi de l'attraction chaque jour ? 41
Combien de temps dois-je consacrer à tout cela chaque jour ? (Objectif, focalisation, croyances, autres…) 44
Ai-je besoin de faire un travail spirituel ou d'introspection pour pouvoir l'utiliser ? 47
Dois-je devenir différent ? Changer en profondeur, changer d'identité ? 49
Comment se construire un environnement propice au succès ? 51
Est-ce à la portée de tout le monde ? Ai-je déjà les capacités en moi ? 54
Comment faire face aux personnes qui ne croient pas en moi et qui me bloquent ? ... 57
Est-ce que ma condition physique influe sur ma capacité à utiliser la loi de l'attraction ? 61
Je n'arrive pas à changer une habitude que je sais mauvaise pour moi, comment faire ? 64
Comment formuler mon désir ardent ? 71
Est-ce que certaines pratiques peuvent renforcer la loi de l'attraction ? 74
Puis-je impacter les autres pour qu'ils agissent selon ce que je souhaite ? 78
Quel est le juste équilibre entre désir ardent et lâcher-prise ? 81
Si plusieurs personnes visent le même objectif, qui arrivera à le concrétiser ? 84
Quel est le facteur déterminant entre plusieurs sportifs au top niveau ? 87
Pourquoi le négatif semble arriver plus vite que le positif ? 91
Je viens de vivre une situation catastrophique, en quoi celle-ci me sert-elle ?! 94

Pourquoi je suis malchanceux ? 98
Comment trouver sa mission de vie ? 102
Comment penser avec nos trois cerveaux ? 106
Le passé pèse trop lourd sur ma conscience, comment changer cela ? 110
Comment se remettre dans la bonne énergie après un événement tragique ? 114
Comment retrouver l'équilibre alors que j'ai pensé négativement toute ma vie ? 118
Comment ne plus procrastiner et avancer dans ses projets ? 121
Comment vivre une séparation amoureuse ? 125
Comment attirer l'être aimé, ou le faire revenir ? 128
Doit-on se sentir extrêmement attirant pour attirer d'autres personnes ? 131
Comment manifester l'abondance dans sa vie ? 134
La loi de l'attraction fonctionne-t-elle avec des objectifs égoïstes ? 139
Mieux vaut-il dévoiler ses projets ou au contraire rester caché ? 143
Comment faire face à un environnement ou un entourage, négatif ? 147
Comment vaincre la peur de manquer d'argent ainsi que d'en gagner trop ? 150
Comment lâcher-prise dans ses objectifs et face à la cruauté du monde ? 154
A partir de quel moment devons-nous lâcher-prise et accepter que l'univers ne nous donne pas ce que l'on désire ? 161
Comment juger si ma demande à l'univers est bonne ou mauvaise ? 165
Que faire avec les blocages dont on n'a même pas conscience ? 169
Comment attirer à soi quelque chose d'immatériel comme le bonheur ou la liberté ? 172
Qu'arrive-t-il si nous faisons une demande qui contredit la demande d'une autre personne ? 177
Quels sont les outils indispensables pour appliquer la loi de l'attraction ? 180
En apprenant les principes de la loi de l'attraction, je commence à avoir peur de créer de mauvaises vibrations. Comment faire ? 185
Comment attirer la personne que j'aime en secret ? 189
Puis-je créer et attirer ce que je veux sans m'en rendre compte consciemment ? 193
Est-ce que les rêves influent sur ce que l'on attire dans la vie ? 196
Y-a-t-il un prix à payer à ignorer la loi de l'attraction ? 200
Existe-t-il un outil pour mesurer et élever son taux vibratoire ? 203
Comment élever mon taux vibratoire ? 207
Puis-je transformer mon corps physique avec la loi de l'attraction ? 212
Peut-on forcer des personnes précises à faire certaines choses pour nous ? 215
Peut-on demander plusieurs choses à l'univers en même temps ? 219
Quelles sont les affirmations les plus puissantes pour appliquer la loi de l'attraction à la perfection ? 222

Quelque chose de mal arrive dans ma vie, l'ai-je vraiment attiré ?..............................226
Est-ce qu'une personne charismatique attire plus facilement ce qu'elle veut ? 230
Quel est l'ingrédient ultime pour attirer ce que l'on veut ? 233
Doit-on équilibrer ses chakras pour attirer ce que l'on veut ? 237
La pleine conscience aide-t-elle à appliquer la loi de l'attraction ? 240
Comment focaliser sur quelque chose sans en ressentir le manque ? 244
Pourquoi les obstacles apparaissent-ils quand on devient positif ? 247
Comment l'univers interprète-t-il ce que je demande pour me le renvoyer ? 251
Nos demandent doivent-elles être « justes » ? y-a-t-il alors une sorte de morale universelle ?..255
Karma et loi de l'attraction : quel rapport et quelles règles sont à respecter ?............259
Y-a-t-il d'autres lois que je dois connaître comme la loi de l'attraction ?....................262
Aller plus loin 269
Remerciements..270
Du même auteur..271
Pour continuer votre chemin avec moi 272

QU'EST-CE QUE LA LOI DE L'ATTRACTION ?

La loi de l'attraction est une loi physique naturelle de l'univers qui vous permet d'obtenir tout ce que vous voulez dans la vie grâce aux pouvoirs exceptionnels dont nous sommes tous pourvus.

Lorsque vous souhaitez mettre en application la loi de l'attraction dans votre vie, vous devez être conscient que le monde est énergie. Ceci est un fait scientifique dont nous allons reparler. La physique quantique expose ce fait en le prouvant par des expériences déroutantes qui nous sortent de notre « ordinaire ». La logique que nous connaissons perd quelque peu sa raison d'être dans ce monde où l'énergie règne en maître absolu.

La loi de l'attraction dit que deux fréquences vibratoires de même nature s'attirent irrémédiablement. C'est ce principe fondamental qui fait que vous pouvez attirer tout ce que vous voulez dans votre vie à partir de moment où vous mettez en application les concepts de cette loi.

Ainsi lorsque deux éléments possèdent la même fréquence vibratoire, ils s'attirent naturellement. Si vos pensées sont en accords avec ce que vous voulez vraiment, alors vous obtiendrez ce que vous convoitez.

C'est pourquoi nous disons souvent que nous attirons ce à quoi nous pensons. Ceci est un fait qui se vérifie tout le temps, que vous en soyez conscient ou non, que vous le croyiez ou non.

Mais nous allons voir que les pensées ne font pas tout le travail, loin de là. Et c'est pourquoi cette loi est bafouée et que si peu de gens croient qu'elle existe et fonctionne. Car ils ont vu que l'univers ne réagissait pas à leurs demandes et c'est tout simplement parce qu'ils ne demandent pas de la bonne manière.

Nous allons donc faire la lumière dans ce livre sur comment fonctionne vraiment cette loi. Le premier élément ici à retenir est que cette loi répond à un principe physique qui s'applique à chaque instant dans notre référentiel. Ainsi, toute vibration attire à elle des vibrations de même nature.

D'OU VIENT LA LOI DE L'ATTRACTION ?

Question difficile. Elle est très ancienne. Des preuves ont été retrouvées dans des manuscrits très anciens notifiant que les pharaons utilisaient ces secrets. Et on pourrait remonter beaucoup plus loin mais nous toucherions à des civilisations qui ont existé il y a des millénaires et ceci est un sujet controversé qui sort de notre contexte.

Certaines personnes dans l'histoire ont promulgué des enseignements liés aux secrets de la vie et comment vivre pleinement sur Terre. On retrouve d'ailleurs tous ces enseignements dans les textes sacrés mais les langages utilisés sont parfois difficiles à interpréter.

Depuis toujours, on compte également des organisations secrètes qui gardent ces secrets précieusement. On entend parfois parler de la Franc Maçonnerie ou des Illuminatis, qui en font partie.

Ce qu'il faut savoir, c'est que notre civilisation a perdu de nombreux savoirs durant les premiers siècles après Jésus Christ. De nombreux livres furent brulées, d'autres édités et les savoirs perdus ou gardés secrets par les élites.

Toutefois, on retrouve des enseignements capitaux dans les livres sacrés tels que les livres religieux et autres textes gardés dans des bibliothèques privées.

Aujourd'hui, on trouve beaucoup d'informations dans les livres mais il est évident que certains secrets du succès restent inaccessibles pour la plupart des gens. On pourrait notamment parler des sociétés secrètes dont les membres sont les personnes les plus influentes du monde et qui gardent jalousement certains savoirs.

Cela n'empêche pas que l'on puisse trouver ces informations plus facilement aujourd'hui en prenant part à des groupes ou organisations du succès, ainsi que dans des formations ou certains livres, qui vous donneront tous les ingrédients nécessaires pour utiliser la loi de l'attraction à votre avantage.

De plus, les récents travaux sur la physique quantique nous permettent de comprendre un peu mieux comment notre monde fonctionne. Nos lois physiques actuelles ne nous permettent pas d'expliquer de nombreux phénomènes, notamment dans l'infiniment petit et l'infiniment grand.

Nous pouvons aujourd'hui affirmer que la physique quantique va beaucoup plus loin et nous permet d'expliquer ce que la science « classique » ne permet pas de faire.

Nous vivons alors dans une période de notre civilisation qui promet d'être tumultueuse car nous allons peu à peu comprendre ces concepts et les appliquer globalement sur notre planète. Cela ne se fera peut-être pas sans dégât, mais on dit que la vérité triomphe toujours.

COMMENT FONCTIONNE LA LOI DE L'ATTRACTION ?

En concentrant vos pensées sur ce que vous voulez vraiment, vous serez à même d'attirer à vous toutes les circonstances favorables à la réalisation de votre désir.

Votre cerveau vous permet d'émettre des fréquences vibratoires (voir les preuves scientifiques) dans l'univers et d'en recevoir de même nature en retour.

Vous pouvez contrôler les fréquences vibratoires que vous émettez grâce à vos pensées et plus particulièrement à vos émotions et vos croyances. Si vos pensées et vos émotions ne sont pas en accords, vos émotions remporteront toujours la partie. Si vous pensez à la richesse mais que vos émotions sont majoritairement dirigées vers le manque de ce que vous souhaitez, alors cela ne marchera pas pour vous.

Si votre désir réveille en vous l'envie et la certitude que vous allez obtenir ce que vous voulez en faisant tout, à partir de maintenant, pour le réaliser, alors il n'y a aucune raison que vous n'y arriviez pas. Si en revanche, votre désir réveille le manque, la colère ou la frustration de ne pas avoir ce que vous voulez, alors vous attirerez plus de ce manque et de cette frustration.

Pour être plus précis, la loi de l'attraction fonctionne tout le temps. Vous attirez en permanence des circonstances de même nature que vos pensées et émotions. La qualité de vos pensées déterminera alors le type d'expériences qui se matérialiseront dans votre vie.

Cette loi est terriblement simple à appliquer en théorie. Cependant, notre mental (pour parler d'une façon générale) a été gavé de fausses croyances qui nous mettent aujourd'hui en difficulté. Nous vivons des problèmes au jour le jour alors que le monde est abondance et permet à chacun d'exprimer tout son potentiel à chaque instant.

Tout ce que vous avez à faire est d'émettre des émotions bienfaisantes à destination de tout ce que vous faites, de toutes les personnes qui vous entourent et de vous-même. Le sentiment suprême est celui de l'amour, de l'appréciation, de la joie. Toute pensée qui en est imprégnée porte en ses germes une puissante incroyable.

D'une façon générale, la loi de l'attraction vous apporte ce sur quoi vous focalisez votre attention le plus souvent. Si la majorité de vos pensées sont focalisées sur ce que vous voulez vraiment et que vous vous sentez bien avec ces pensées, alors vous enclenchez le processus de la loi de l'attraction à votre avantage.

Retenez bien que votre cerveau est un outil qui vous sert à focaliser votre attention sur ce que vous décidez. Beaucoup se focalisent sur ce qu'ils ne veulent pas, souvent inconsciemment, alors que les situations désagréables sont justement là pour nous montrer ce que l'on ne veut pas et ainsi déplacer notre focalisation sur ce que l'on veut vraiment.

POURQUOI LA LOI DE L'ATTRACTION NE MARCHE PAS POUR MOI ?

De nombreuses raisons sont possibles. Premièrement, vous devez respecter le principe clé énoncé par Napoleon Hill qui est : « Tout ce que votre esprit peut concevoir et croire, il peut le réaliser ».

Vous devez donc concevoir un rêve, un objectif dans votre esprit qui soit suffisamment grand pour que vous ayez un réel désir de le réaliser et suffisamment modéré pour que vous puissiez croire en sa réalisation. Et vous devez focaliser sur ce rêve, focaliser vos pensées sur ce que vous voulez vraiment. Car comme vu à la question précédente, vous attirerez à vous ce sur quoi vous focalisez le plus.

Ensuite, vous devez avoir une attitude juste. L'attitude juste consiste à être positif à chaque instant. Cela consiste à voir le positif en toute situation car tout problème possède en lui sa solution. Vous pouvez tirer profit de toute situation, qu'elle soit bonne ou mauvaise à première vue.

Enfin, vous ne devez pas vous soucier du temps de réalisation, c'est à dire ne pas être trop pressé. *Tout arrive à point à qui sait attendre*, comme le disait François Rabelais. Mais vous n'allez pas attendre sans rien faire. Faites les choses correctement suffisamment longtemps et vous serez récompensé.

Suffisamment longtemps signifie le temps de réalisation de votre désir.

Grosso modo, c'est avant tout votre attitude et votre capacité à créer des objectifs en accords avec vous-même qui vous permettront d'obtenir tout ce que vous voulez dans la vie.

Si votre attitude n'est pas correcte, que vos émotions sont majoritairement déplaisantes et que vous n'en pouvez plus d'attendre, alors vous remplissez tous les critères de la personne qui attire à elle ce qu'elle ne veut pas. Une personne de mon entourage m'a dit un jour « J'en peux plus de donner, je veux recevoir maintenant. ». Voilà une attitude qui inverse littéralement le processus de l'application de la loi de l'attraction à son avantage. On ne peut maîtriser ce que la vie nous donne, on peut simplement donner le meilleur de soi et réagir de la meilleure des façons à ce qui nous est présenté en retour.

Vous pouvez également avoir des blocages inconscients qui vous limitent dans ce que vous voulez faire. Dans ce cas, la meilleure des solutions est de les éradiquer par des méthodes de libération des émotions. Mais vous pouvez également avancer pas à pas vers des objectifs modérés qui vont vous permettre d'effacer peu à peu ces blocages à mesure que vous avancerez dans votre vie.

Je ne peux faire de cas par cas dans un livre. Chaque cas est différent. Vous pouvez ne pas arriver à attirer ce que vous voulez dans votre vie pour de multiples raisons qui peuvent parfois être difficiles à déterminer. Je vous invite à chercher dans votre passé ce qui pourrait causer un blocage en vous et à tout faire pour nettoyer vos pensées des parasites que vous ne désirez pas.

Sachez toutefois que nous avons été inondés de fausses croyances. Ce que vous devez retenir, c'est que la vie ne demande qu'à voir vos rêves se réaliser et vos désirs s'accomplir. Mais pour cela, vous devez rayonner de bonheur et d'amour. A partir du moment où vous commencerez le processus conscient de voir le positif en toute chose, d'exprimer de la gratitude envers la vie et de vous concentrer sur l'abondance et non sur le manque, alors votre vie changera peu à peu.

Si vous n'obtenez pas ce que vous voulez aujourd'hui, c'est que vous vous sentez mal d'une façon générale. Si, lorsque vous pensez à ce que vous voulez, vous ne vous sentez pas extrêmement bien, alors c'est qu'il y a un blocage quelque part, ou que ce n'est pas vraiment ce que vous voulez. A partir de là, il est normal que vous n'obteniez pas ce que vous convoitez.

QUELLES PREUVES AI-JE QUE TOUT CECI N'EST PAS QUE DU BARATIN ?

La loi de l'attraction est prouvée scientifiquement. Il a été prouvé que tout est énergie dans ce monde et répond à des fréquences vibratoires spécifiques.

Notre cerveau est capable, et le fait d'ailleurs constamment, d'émettre et de recevoir des fréquences vibratoires de tout type. Or, deux fréquences vibratoires de même nature s'attirent irrémédiablement. Etant donné que vous avez le pouvoir, via vos pensées et vos émotions, d'émettre les fréquences vibratoires de votre choix dans l'univers, alors vous êtes à même d'attirer tout ce que vous voulez grâce à la loi de l'attraction.

Tout ceci est mesurable avec des outils et appareils scientifiques. De nombreuses expériences ont été menées pour comprendre tous ces phénomènes, à l'image du Docteur Emoto qui a montré l'influence des pensées, des chansons et des mots sur les molécules d'eau. Etudiées ensuite au microscope en les ayant mis préalablement dans un environnement à -5°C, les cristaux formés par les molécules d'eau changent littéralement après ce genre d'expérience. En fonction des fréquences projetées, on peut alors voir de somptueux cristaux, ou au contraire des formes infâmes. Notre corps étant fait à 80% d'eau, imaginez l'impact des pensées et des émotions sur nous.

Vous pouvez vous renseigner de votre côté sur la physique quantique qui propose de nombreuses expériences prouvant ces phénomènes. La physique quantique est le pont entre la physique traditionnelle et la spiritualité. Elle reprend des constats étonnants défiant les lois traditionnelles pour les expliquer par de nouvelles expériences et formules. L'expérience des fentes de Young que vous pouvez trouver sur *Youtube* est absolument incroyable et montre à quel point nos lois physiques traditionnelles sont à la traine pour expliquer certains phénomènes.

A présent, je vous invite également à faire preuve de bon sens. Posez-vous la question suivante : Pourquoi certains jouiraient d'une vie merveilleuse alors que d'autres semblent passer toute leur vie au fond du gouffre ?

On peut aller plus loin que le sujet de la loi de l'attraction en parlant de Karma par exemple et des autres lois qui régissent notre univers, mais sachez que tout être humain est sur Terre pour évoluer ! Alors cela peut passer par des épreuves plus difficiles pour certaines personnes que pour d'autres mais vous n'êtes jamais condamné à vivre une vie de misère où vous êtes malheureux.

Toute expérience existe pour que vous puissiez en tirer profit, même si elle apparaît déplaisante à première vue. Entrainez-vous à ouvrir votre cœur et à discerner le vrai du faux.

COMMENT DEFINIR UN PLAN QUI ATTIRERA A MOI CE QUE JE DESIRE ?

Afin de formuler clairement et correctement votre plan de vie en suivant vos aspirations profondes, quatre points sont à distinguer.

1. Premièrement, vous devez avoir un grand rêve. Ce grand rêve est une destination très lointaine qui serait un idéal de vie pour vous. Ce grand rêve pourrait vous prendre plusieurs vies à réaliser. Il est un point loin de vous qui est comme un énorme aimant qui n'a pas la puissance nécessaire pour vous attirer car vous en êtes trop éloignés. Mais il est un moteur pour vous et un pourquoi à votre vie.

2. Ensuite, vous devez avoir un objectif principal qui doit être de préférence précis, personnel et qui doit être formulé au présent, comme si vous aviez déjà ce que vous convoitez (donnée vous permettant de dire « ca y est j'ai réussi ») afin qu'il résonne en vous. Cet objectif doit être suffisamment grand pour que vous ayez un réel désir de le réaliser et suffisamment modéré pour que vous puissiez croire en sa réalisation. La croyance est fondamentale. Nous reviendrons sur ce point numéro deux en détail plus tard.

3. Le point suivant est la prochaine étape logique que vous allez réaliser pour vous approcher de votre objectif. C'est une étape qui doit être facile pour vous et réalisable en un court laps de temps.

4. Enfin, le dernier point est là où vous en êtes aujourd'hui. Pour résumer, vous êtes ici et maintenant dans une certaine situation dans laquelle vous allez accomplir votre prochaine étape logique en direction de votre objectif principal. Il est primordial de considérer votre situation actuelle. Par exemple, si vous souhaitez investir dans l'immobilier en ne touchant que les minima sociaux, sans aucun argent de côté et des dettes à n'en plus finir, il y a des étapes intermédiaires à ne pas négliger pour assainir vous finances avant toute chose.

L'accomplissement successif de toutes vos prochaines étapes logiques vous conduira vers l'accomplissement de votre objectif principal. Et l'accomplissement successif de vos objectifs principaux vous conduira, à terme, à votre grand rêve. Mais sachez que peu importe ce que vous réalisez, ce qui importe est le chemin sur lequel vous êtes et d'en apprécier chaque parcelle.

TOME 1

COMMENT MAITRISER PLEINEMENT LES POUVOIRS QUI NOUS SONT INHERENTS ?

Premièrement, c'est globalement l'estime de vous-même qui va donner le ton. Comme le disait Henry Ford, que vous vous pensiez capable de faire quelque chose ou non, dans les deux cas, vous avez raison.

Le succès commence donc à l'intérieur de vous. Si vous pensez être capable de quelque chose, vous l'êtes. Sinon, vous ne l'êtes pas.

Afin de maîtriser les fréquences vibratoires que vous émettez, vous allez devoir vous entraîner. Premièrement, Le cerveau est comme un muscle. Et ce dernier est difficile à dompter puisque peu d'entre nous sont habitués à le faire depuis leur plus jeune âge.

C'est un peu comme si vous aviez gardé le bras droit dans un plâtre toute votre vie. Il serait tout petit, tout fluet. Vous auriez besoin de temps pour le faire grandir et qu'il devienne fort.

Pour votre cerveau, c'est la même chose. En revanche, le cerveau est également l'organe le plus malléable du corps humain et donc il est à la portée de tous de le *muscler*. Il est par exemple possible d'augmenter le nombre de connections neuronales. On constate en particulier chez les personnes qui ont fait un AVC une rémission progressive chez certaines personnes. Bien que la zone du cerveau ou l'accident a eu lieu soit morte, d'autres chemin nerveux se construisent ce qui leur permettent de retrouver leurs facultés. Mais c'est avant tout une question d'habitude. Si vous vous forcez un temps à faire des exercices pour vous faire adopter une attitude juste, alors votre cerveau va émettre de plus en plus de hautes fréquences vibratoires positives qui vous seront très bénéfiques.

Les habitudes mentales que vous instaurerez dans votre vie vont vous permettre de créer de nouvelles et précieuses connexions neuronales dans votre cerveau dans le but de transformer de façon permanente qui vous êtes et d'améliorer vos capacités mentales dont celle d'utiliser la loi de l'attraction à votre avantage.

Donc la première règle à retenir et à appliquer est de faire l'effort conscient d'émettre des fréquences vibratoires en accord avec ce que vous voulez vraiment. Pour savoir si vous êtes sur le bon chemin, il vous faut vous fier à votre ressenti. Votre ressenti concerne vos sentiments. Si vos pensées et vos émotions sont en accords, alors vous maîtrisez pleinement votre sujet.

A contrario, si ce n'est pas le cas, c'est que vous avez des croyances limitantes qui vous limitent et empêchent vos pensées et vos émotions de créer des synergies dans votre vie. Ou encore, plus simplement, que vous n'êtes pas aligné, c'est-à-dire que ce que vous visez n'est pas en accord avec qui vous êtes vraiment.

Vous devrez alors faire un travail sur vous-même pour vous aligner ou vous libérer de ces fausses croyances qui vous limitent dans votre vie. Pour cela, vous pouvez faire appel à un coach et vous pouvez faire des exercices que vous trouverez dans des livres à cet effet. Toutefois, souvenez-vous que tout est énergie dans ce monde et que les seules limites que vous avez sont celles que vous vous imposez à vous-même. Je vous invite à étudier tout ceci en profondeur et à apprendre à vous écouter.

La méditation est également un moyen extraordinaire de développer sa conscience de soi et ainsi d'éliminer progressivement les barrières sur notre chemin.

Enfin, je vous invite à essayer pour savoir. Vous devez goûter un aliment pour en connaître la saveur. Ne vous contentez pas d'écouter les autres en parler. Essayez. Cela vous permettra de faire grandir votre croyance dans le fait que ce que vous désirez obtenir est possible. Lancez-vous dans vos projets. Allez-y pas à pas. Et vous verrez d'extraordinaires résultats arriver dans votre vie beaucoup plus rapidement que ce vous vous imaginez.

Souvenez-vous de la force de l'habitude. Les habitudes que vous instaurerez dans votre vie forgeront votre caractère et forgeront votre vie.

JE N'ARRIVE PAS A ME SENTIR BIEN EN PENSANT A MA SITUATION, COMMENT CHANGER CELA ?

Comme je le dis souvent, la priorité numéro une est de sentir bien ici et maintenant. Mais vous en conviendrez que ce n'est pas toujours chose facile.

Et c'est déjà bien de savoir que vous devez changer cette situation. En réalité, vous avez créé les circonstances passées et actuelles de votre vie et vous continuez à le faire en ce moment même, concernant votre futur. Ainsi, votre vie est telle que vous l'avez imaginée et conçue de toute pièce. Bien évidemment, vous ne l'avez probablement pas fait consciemment. L'environnement dans lequel vous vivez et avez vécu joue un rôle de premier ordre dans la vie que vous menez actuellement.

Rien n'est grave en soi. Rien ne vaut la peine que vous vous inquiétiez. La loi de l'attraction est une loi de l'univers qui fonctionne nuit et jour, et vous pouvez changer toute situation en mettant ses principes en action dans votre vie. Mais le changement doit venir de vous. Vous devez changer intérieurement. Si vous continuez à vous inquiéter ou avoir peur d'une situation qui est la vôtre, alors vous attirerez davantage de ce que vous ne voulez pas.

En fin de compte, si votre situation ne vous plaît pas, vous n'avez pas à vous sentir mal et voici pourquoi. Posez-vous ces simples questions :

- « A quel point ma situation d'aujourd'hui pourrait être pire ? »
- « A quel point pourrait-elle être meilleure ? ».

La première vous montrera que vous n'êtes pas si à plaindre que ça finalement et que vous avez déjà beaucoup de chance d'être là où vous êtes.

La seconde vous montrera la voie qui vous est ouverte. Vous pouvez obtenir bien plus de la vie que ce que vous avez actuellement. Et ceci est valable quelle que soit votre situation. Vous êtes sur Terre pour exprimer l'amour, la joie et pour réaliser vos rêves, saisissez cette chance !

De plus, vous apprendrez sur ce chemin à développer votre foi. Rien n'est bien ni mal dans la vie. Ce ne sont que des étiquettes que notre mental pose sur beaucoup de choses. Or, tout est, tout simplement. Toute situation est une expérience qui n'a qu'un but : celui de vous faire croître. Cela peut être d'avoir une prise de conscience, de réajuster votre attitude ou vos actions, de changer votre fusil d'épaule dans un projet quelconque. Tout est possible. La vie vous donne toujours des expériences à vivre que vous continuiez à avancer, et bien évidemment, ce n'est pas toujours un long fleuve tranquille. A vous de réagir de la meilleure des façons sans juger hâtivement et négativement.

QUELLE EST LA VOIE LA PLUS FACILE POUR OBTENIR CE QUE JE VEUX DANS LA VIE ?

Soyez et agissez comme si vous aviez déjà ce que vous voulez dans la vie. Cela paraît absurde mais souvent, on n'agit pas parce qu'on pense ne pas avoir les compétences ou les aptitudes nécessaires. Or, si vous considérez que vous avez déjà ces aptitudes, alors vous pouvez agir et prouver au monde et à vous-même ce dont vous êtes capable.

Le même raisonnement est adopté en mathématiques pour prouver certains théorèmes. On admet comme vraie la solution et on démontre donc dans le sens inverse que le théorème est vrai. On appelle cela le raisonnement par l'absurde, mais est-ce vraiment si absurde que cela ? A vous d'en juger.

En faisant « comme si », vous pouvez littéralement propulser votre vie à un autre niveau. Plus vous vous donnerez des excuses pour ne pas agir et moins vous obtiendrez de résultats ou de changements dans votre vie.

Ce serait une erreur que de croire que vous pouvez utiliser la loi de l'attraction sans agir. On n'a jamais dit qu'il ne fallait pas agir, mais passer à l'action sans une attitude correcte vous emmènera tout droit à l'échec. Et le fait de se trouver des excuses peut en être une raison. Toutefois, l'échec est une étiquette de plus que donne votre mental. C'est avant tout une expérience qui vous donnera des leçons. Mais le fait est que l'expérience sera plus plaisante si vous êtes préparé mentalement.

Dans tous les cas, le changement doit commencer à l'intérieur de vous. C'est en vous sentant maintenant comme vous aimeriez vous sentir plus tard que vous pourrez obtenir ce que vous voulez. Vous devez expérimenter intérieurement avant de voir la manifestation physique dans votre vie. Alors osez faire comme si vous jouissiez déjà de ce que vous voulez, car ceci est la véritable clé de la loi de l'attraction. Cela demande bien sûr de changer votre façon de voir le monde, votre vie et votre façon de vivre tout simplement. Nous nous servons beaucoup trop de notre cerveau gauche, très analytique, dans notre société. Or, tout est toujours une question d'équilibre dans la vie. Si vous vous sentez mal à un quelconque moment, c'est que vous êtes déséquilibré quelque part. Nous reparlerons de cette loi de l'équilibre qui est également une loi fondamentale de l'univers.

COMMENT PUIS-JE SAVOIR SI JE SUIS PRET A UTILISER LA LOI DE L'ATTRACTION CORRECTEMENT DANS MA VIE ?

Vous êtes déjà prêt à l'utiliser ! Vous utilisez déjà ce don inné qui vous permet d'attirer tout ce que vous voulez. Cependant, vous l'utilisez peut-être mal.

Ce qui est certain, c'est que vous avez créé votre vie de toute pièce. Tout ce que vous connaissez aujourd'hui est une pure création de votre être, en particulier de vos croyances. Alors certes, vous êtes né dans un certain environnement avec certaines capacités et certaines spécificités. Vous avez grandi dans une famille précise, eu une éducation spécifique. Tout ceci varie d'un individu à un autre et vous avez été influencé par bien des personnes et bien des évènements.

Mais quoi que vous ayez vécu et l'impact qu'a pu avoir votre environnement et votre passé sur qui vous êtes aujourd'hui, vous avez toujours eu le pouvoir de décision final dans tout ce que vous faisiez. Parfois, il vous a fallu faire des compromis à un instant donné et remettre à plus tard certains projets. Mais sur une vision long terme, vous avez toujours fait et obtenu ce que vous vouliez, que ce soit inconsciemment ou consciemment. Bien évidemment, votre enfance a pu vous inculquer certaines croyances et fait vivre certaines expériences pour lesquelles vous n'avez pas eu votre mot à dire. Mais prenez cela comme juste et faisant partie de votre chemin.

Aujourd'hui, vous avez toujours ce pouvoir, à une différence près. Vous savez. Vous savez que vous avez ces pouvoirs inhérents en vous. Et si vous en doutez encore, j'ai à cœur de vous faire changer d'avis. Vous ne savez certainement pas tout aujourd'hui pour tout comprendre et pour être un maître de la loi de l'attraction et tout ce qui s'y rattache, mais vous connaissez au moins les bases qui vous permettent d'utiliser la loi de l'attraction pour le meilleur dans votre vie.

Tout ce sujet tourne autour de nos pensées, nos croyances et nos émotions. D'une manière générale, il vous suffit d'être toujours dans une attitude positive et de vous sentir bien tout le temps. Car plus vous vous sentirez bien et plus vous émettrez de vibrations dans l'univers attirant à vous des situations positives. Lorsque vous arrivez à ce point, tout devient merveilleux pour vous.

Donc croyez-moi, vous êtes déjà prêt. Cela prendra simplement plus de temps pour certaines personnes pour enclencher certaines transformations que pour d'autres. Mais vous êtes prêt. Et tout ce qui compte à partir de maintenant est que vous passiez à l'action, que vous expérimentiez, de façon à apprendre sur le terrain et tirer les leçons de vos avancées. Souvenez-vous toujours que l'action est primordiale. Un homme m'a beaucoup marqué un jour en me disant que la pensée était la plaie de l'humanité. Sur le coup, je me suis dit que c'était vraiment une hérésie de dire ça. Pourtant, cette phrase m'a travaillé par la suite pour me faire comprendre que beaucoup de gens restent dans leurs pensées sans jamais passer à l'action et n'obtiennent donc aucun résultat. Je suis particulièrement adepte de cette phrase qui dit « Deux intellectuels assis iront toujours moins loin qu'un imbécile qui marche. ». C'est tellement vrai !

COMMENT ETRE SUR QUE JE SUIS LE SEUL GARANT DE MA REUSSITE ?

Nous voilà à la question de la responsabilité qui est primordiale !

Vous avez certainement l'impression que vous n'êtes pas seul à décider dans votre vie, qu'il y a énormément de paramètres qui jouent à chaque instant. Vous avez l'impression que les autres ont un rôle primordial dans les choix que vous faites et dans qui vous êtes.

Tout ceci n'est qu'illusion en réalité.

C'est un vaste débat mais aujourd'hui, je vais vous demander d'accepter une idée qui vous propulsera vers l'avant. Peu importe que vous croyiez qu'elle soit vraie ou non, l'important est que vous l'appliquiez. Car sans cet élément, vous serez toujours bloqués à certains moments et dans beaucoup de situations.

Ce principe est celui de prendre la responsabilité de tout ce qui vous arrive dans la vie ! Oui, tout.

Certains me diront « Non, telle chose ne dépend pas de moi ». Je répondrais simplement « Si ».

Pour être plus précis, ce thème nous rapproche de la perception que nous avons de la vie, de notre vie, de notre monde. A une même situation, chacun réagira différemment.

Si mon voisin met la musique à fond alors que je dois travailler sur un projet important, j'ai toujours plusieurs façons de réagir :

- Je peux aller taper à sa porte très énervé.
- Je peux lui demander gentiment de baisser le son.
- Je peux rester chez moi et pester toute la soirée contre ce vaurien qui ne pense qu'à lui.
- Je peux décider d'accepter cette situation qui n'est certainement pas là par hasard et essayer de comprendre pourquoi cela m'arrive.
- Je peux appeler la police.
- Je peux me mettre des boules quies dans les oreilles et continuer comme si de rien n'était.
- Je peux avoir de la gratitude pour cette personne qui réveille en moi une colère que je dois apprendre à canaliser.
- Etc. etc.

Vous voyez le principe, nous décidons à chaque instant de nos réactions. Et ce n'est pas parce que l'on est d'un naturel nerveux que l'on ne peut devenir très calme et posé, et ce en l'espace de quelques semaines avec des pratiques spécifiques.

Vous décidez qui vous êtes, ce que vous faites, pourquoi vous le faites. Vous décidez ce que vous possédez, où vous aller et pourquoi. Vous êtes maître de votre vie. Vous avez la pleine responsabilité de votre vie.

Ceci ne se comprend pas dans le sens où vous maîtrisez tous les événements de la vie. Non, ceci n'est pas possible. Mais vous maîtrisez pleinement la façon dont vous réagissez à ces événements et vous pouvez vous en servir pour grandir toujours plus.

De ce point de vue là, vous êtes entièrement le seul garant de votre réussite. Vous seul décidez de vos réactions et de vos choix.

Je tiens à vous mettre en garde toutefois sur le fait de ne pas prendre la responsabilité des autres. Chacun a sa responsabilité dans ses actions. Certains de vos choix impacteront d'autres personnes. Il faut en avoir conscience et faire vos choix en toute connaissance de cause mais ne jamais prendre la responsabilité des autres. Cela ne signifie pas ne pas avoir de cœur ou de compassion. Cela signifie d'être sage et de savoir rester à sa place.

COMMENT INTERPRETER LES EVENEMENTS NEGATIFS DANS MA VIE ?

La loi de l'attraction est bien belle mais si vous appliquez tous les bons ingrédients de la bonne façon, alors comment se fait-il qu'il vous arrive des événements négatifs ?

Vous vous demandez certainement : « Est-ce le fait que j'applique mal ? ».

Premièrement, vous n'appliquez pas « mal » puisque dans tous les cas, vous attirez à vous les situations que vous créez de toute pièce. Donc vous créez. La question est de savoir : « Est-ce que vous créez ce que vous voulez ? »

Vous allez certainement me dire parfois oui, et parfois non.

A partir du moment où vous pensez de pas attirer à vous ce que vous voulez, alors vous faites fausse route dans votre interprétation. La loi de l'attraction demande une vision long terme. On ne peut maîtriser les événements et situations qui nous arrivent à court terme. Mais on peut tout à faire tendre vers une direction de façon certaine !

En réalité, la différence entre la personne qui a pleinement compris comment fonctionne la loi de l'attraction et les autres, c'est que celle-ci va adopter un regard différent sur les événements qui arrivent. Ainsi, les événements que la plupart trouveront négatifs ne le sont plus car ils sont nécessaires à l'accomplissement de leurs objectifs. De même, tous les problèmes de la vie ne sont plus des problèmes mais des challenges.

De façon générale, devenir maître de sa vie concerne le fait d'appréhender la vie de façon différente, de toujours voir les événements qui nous arrivent comme positifs. C'est ce qui fait la différence entre ceux qui réussissent véritablement et ceux qui semblent stagner toute leur vie. C'est dans l'adversité que cette différence naît.

Celui qui croit que le problème, l'obstacle et les adversités multiples auxquels il se confronte ne sont que des tremplins vers la réussite ou la possibilité de clarifier ce qu'il veut vraiment, voit son chemin tout tracé pour lui. Pour ceux qui se sentent abattus au moindre pépin, alors de façon irrémédiable, ces personnes souffriront de ces situations.

Et vous ne pouvez empêcher ces situations d'arriver. Mais ce que vous pouvez faire, c'est d'adopter un regard différent sur celles-ci afin de ne plus les subir, et au contraire, de vous en servir à votre avantage.

Pour résumer, un événement est négatif seulement si vous lui attribuez cette étiquette. Encore une fois, vous pouvez appliquer tous les principes de base de la loi de l'attraction, si vous continuez à vous sentir mal lorsqu'il y a des obstacles ou de l'adversité, alors vous n'avez pas encore saisi tout le sens de ces enseignements.

Libérez-vous des chaînes que vous portez et osez voir le positif là où peu de personnes le voient. Soyez un exemple, incarnez ce que vous souhaitez voir dans le monde, comme le disait Gandhi. Et accueillez sans jugement et dans la meilleure attitude possible TOUS les événement qui s'offrent à vous dans votre expérience de vie.

QUEL EFFORT CELA DEMANDE-T-IL D'APPLIQUER LA LOI DE L'ATTRACTION CHAQUE JOUR ?

C'est avant tout un plaisir et non un effort ! Mais il est très probable que pour instaurer des habitudes saines dans votre vie sur la réussite, vous deviez faire preuve de discipline au début. Comme dans toute nouvelle habitude à prendre, vous allez devoir donner de vous-même.

Nous avons déjà vu tous les principaux éléments que vous devez appliquer. L'élément essentiel pour bien commencer est d'avoir un objectif qui vous motive véritablement. Ce désir lié à votre objectif vous permettra de focaliser dessus sans avoir besoin de faire cet effort conscient.

C'est le problème que rencontrent certaines personnes qui focalisent sur l'argent. Le problème de l'argent, c'est qu'en soi, il n'est rien. Ce n'est pas l'argent que vous voulez mais ce que l'argent va vous permettre d'acheter. Ou encore la liberté que vous apporterait un compte en banque bien fournit. Attention à bien focaliser sur ce que vous voulez vraiment. Est-ce que l'idée de liberté vous séduit plus qu'un compte en banque rempli ? Réfléchissez-y.

Ceci est donc le premier point. Ensuite, vous devez vous habituer à voir le positif en toute chose. Ceci n'est pas facultatif. Toutes les personnes qui sont véritablement devenues heureuses dans leur vie ont fait preuve de positivité. Cela se manifeste par la gratitude, par la reconnaissance, par le fait de voir le positif en toute situation, le fait de voir ce qui pourrait être plutôt que ce qui est, le fait d'avoir toujours en tête la vision que l'on a de ce que l'on veut vraiment, le fait de persévérer quoiqu'il arrive et quels que soient les obstacles, etc.

Tout ceci concerne l'état d'esprit qui est obligatoire. J'aime citer les entrepreneurs qui se lancent avec plein d'enthousiasme et qui font faillite au bout de 3 ans. Cela concerne 50% des créateurs d'entreprise. Pourquoi y-a-t-il autant d'échecs à votre avis ? Ce n'est qu'une question d'état d'esprit ! Les difficultés accablent les gens non préparés.

Or, les difficultés sont aussi là pour nous aider. Chaque chose est à sa place et si vous avez l'impression que la vie s'acharne contre vous parfois, alors prenez le temps de respirer un grand coup, de vous poser, de commencer par accepter votre situation et de vous demander pourquoi tout ceci arrive. Il n'est pas nécessaire que vous répondiez à cette question dès l'instant où vous vous la posez mais elle a ce quelque chose de magique qui va vous faire chercher les réponses en vous-même plutôt qu'à l'extérieur.

Comme vous le savez certainement, notre monde extérieur n'est autre que le reflet de notre monde intérieur. Alors faites au moins cet effort de vous demander pourquoi telle situation est, et comment la rétablir à votre avantage.

COMBIEN DE TEMPS DOIS-JE CONSACRER A TOUT CELA CHAQUE JOUR ? (OBJECTIF, FOCALISATION, CROYANCES, AUTRES…)

Il est certain qu'appliquer consciemment des principes qui ont fait leurs preuves et qui vous apporteront véritablement ce que vous voulez dans votre vie, vous prendra du temps. Mais est-ce bien important ?

Nous parlons ici d'actions concrètes à réaliser qui vont vous permettre de passer à la vitesse supérieure. Si l'on vous dit que vous devez passer chacune de vos journées à penser à ce qui vous fait du bien, pensez-vous que c'est une tâche à faire impérativement ? Je pense que c'est plutôt quelque chose à instaurer dans votre vie de façon à ce que cela devienne naturel.

Certaines personnes me demandent parfois « Est-ce que je dois focaliser consciemment pendant une certaine période chaque jour ? ». La réponse est « oui et non » car il y a plusieurs techniques possibles.

Dans tous les cas, la meilleure réponse est la suivante : « Vous attirerez à vous ce à quoi vous pensez le plus souvent et en quoi vous croyez ». Ceci est un fait absolu. Donc plus vous y penserez, plus vous l'attirerez rapidement.

Mais selon mon expérience, si votre objectif est bien conçu et répond à un vrai désir de votre part, vous y penserez tout le temps. Pas toujours consciemment mais les pensées liées à ce que vous voulez tourneront au moins en arrière fond à chaque instant. Et ceci vous permettra de faire opérer la magie.

Toutefois, il existe une clé qui est la cerise sur le gâteau. Et cette clé s'appelle la focalisation. Des expériences ont montré qu'une focalisation pure pendant 17 secondes sur un élément précis permettait d'émettre de puissantes vibrations. Et une focalisation de 67 secondes permettait d'ancrer, ou de créer des connexions neuronales durables, dans votre esprit.

Mais nous parlons bien d'une focalisation intense qui n'est aucunement perturbé par quoi que ce soit, ce qui est extrêmement difficile pour un esprit non entraîné.

Donc la focalisation peut vous permettre d'obtenir des résultats très concrets et, d'une façon générale, plus vous vous forcerez à penser de façon consciente à ce que vous voulez, plus vous émettrez de fréquences vibratoires en relation avec ces pensées.

Certains d'entre vous se demandent peut-être s'ils doivent méditer ou prendre un temps spécifique chaque jour pour penser à ce qu'ils veulent vraiment. Encore une fois, oui, vous pouvez faire cela. Mais ce n'est pas une obligation. La méditation est une pratique extraordinaire qui permet de mieux gérer ses émotions.

Et si vous gérez mieux vos émotions, alors vous êtes moins sensible aux événements extérieurs qui peuvent assombrir votre tableau.

Tout ceci est une question de choix. Plus vous ferez preuve de discipline au début pour faire en sorte d'appliquer toutes les bases, plus vous aurez de résultats. Mais mon conseil est de ne pas vous focaliser sur la technique. Restez simple, vous-même et croyez en la réalisation de ce que vous voulez vraiment, et la vie sera généreuse avec vous.

AI-JE BESOIN DE FAIRE UN TRAVAIL SPIRITUEL OU D'INTROSPECTION POUR POUVOIR L'UTILISER ?

Un travail spirituel est un grand mot. Appliquer la loi de l'attraction implique que vous appliquiez certains éléments indispensables à la réussite. Beaucoup de gens se plaignent de leur vie car ils n'ont pas ce qu'ils veulent. Or, la seule chose qu'il leur manque vraiment, c'est la connaissance de ces principes- là.

Quand on sait que l'on est maître de sa vie et qu'il suffit d'appliquer certains principes pour arriver là où l'on veut, alors tout commence à changer pour le meilleur.

Cela ne veut pas dire que ce sera facile. Tout changement entraine des difficultés. Tout changement supprime certaines choses pour en créer de nouvelles. Mais ce changement est indispensable.

Un travail d'introspection sera probablement nécessaire dans le sens où vous allez devoir modifier vos croyances de façon à entrainer ces changements sur le long terme. Vos croyances sont à la base même de toute votre vie. Sans les changer, rien ne changera pour vous.

Dans ce sens, oui, vous devez travailler sur vous-même pour impacter votre vie. Il n'y a aucun mal à ça. Tout changement intérieur que vous ferez se ressentira sur votre vie, sur le monde extérieur.

Il n'y a pas de message caché ou d'actions spirituelles spécifiques à faire. La loi de l'attraction est à la portée de tous car elle répond aux principes d'universalité (utilisable par tous les peuples sur tous les continent), d'homogénéité (peut être utilisée avec la même méthode dans tous les domaines) et de pérennité (continuité dans le temps). chacun peut l'appliquer en adoptant les habitudes du succès que nous allons étudier sur ce chemin.

DOIS-JE DEVENIR DIFFERENT ? CHANGER EN PROFONDEUR, CHANGER D'IDENTITE ?

Cette question est très liée à celle d'avant. Si je devais vous faire une réponse franche et rapide, ce serait : « Oui ! ». Mais ce serait une réponse minimaliste et qui ne conviendrait pas à tous les individus.

Cette question va plus loin que ce que l'on veut bien imaginer au départ. En fonction de qui vous êtes aujourd'hui, de comment vous vous sentez dans votre vie, de si vous vous sentez à votre place ou non, alors la réponse peut tout aussi bien être « Non. ».

Au fond de vous, vous avez une identité précise et unique. Vous êtes né dans ce monde avec un ADN spécifique et des attributs physique et mentaux, un caractère spécifique que vous avez développé, des talents naturels, des envies que vous avez découvertes peu à peu, et bien d'autres éléments. Tout ceci fait de vous une personne unique. Personne n'est comme vous.

Alors changer qui vous êtes au plus profond de vous n'est pas vraiment la question bien qu'il a été démontré que l'on peut changer du tout au tout grâce à nos croyances. On peut par exemple modifier la structure de notre ADN si on le souhaite. Mais ceci va plus loin que l'objectif premier de ce livre et votre devoir premier est plutôt de découvrir la personne que vous êtes véritablement.

Certaines personnes font illusion toute leur vie. Notre société veut cela d'une certaine façon. Des études, un travail, un lieu de vie, la petite famille, chien et la Rolex. Voilà ce qu'on nous fait miroiter. Mais est-ce vraiment ce que vous voulez ? Cela vous fait-il vibrer ? Peut-être. Mais ce n'est pas le cas de tout le monde.

Beaucoup rêvent de liberté mais se sentent enchaînés. Pourtant, en allant à contre-courant de qui vous êtes vraiment, vous allez à l'encontre des lois de la Nature. Vous faites semblant d'être quelqu'un. Alors que le vrai vous attend patiemment que vous lui autorisiez de voir le jour. Alors qui est votre vrai MOI ? Prenez quelques instants pour vous poser la question.

La loi de l'attraction va donc plus loin que le simple fait d'atteindre des objectifs. Elle vous permet de vous découvrir et de vous rendre là où vous avez envie d'être au plus profond de vous. Elle vous permet de faire un travail sur vous-même en profondeur, de retrouver qui vous êtes vraiment et vos aspirations profondes. Elle vous permet de retrouver la simplicité et l'authenticité que beaucoup ont perdu en cours de route.

Ce n'est pas un chemin facile. Ce n'est pas une ligne droite. Mais c'est un chemin sur lequel vous trouverez de nombreux cadeaux, ferez de magnifiques découvertes et qui est extrêmement profitable et fructueux.

TOME 1

COMMENT SE CONSTRUIRE UN ENVIRONNEMENT PROPICE AU SUCCES ?

Voilà un point qui bloque énormément de gens. Lorsque l'on se sent seul et que personne ne nous soutient, on a beau faire des efforts dans sa vie pour aller de l'avant et penser différemment de la masse, cela peut être difficile de persévérer.

Pourtant, le changement passe par vous avant tout. Si vous avez un environnement propice au succès qui vous pousse à chaque instant vers vos rêves et votre accomplissement personnel, alors c'est merveilleux. Mais ce n'est que rarement le cas.

Vous devez donc être moteur. Et peu importe qui vous avez autour de vous au début de votre aventure, l'important est de vous focaliser sur ce que vous voulez vraiment afin d'attirer à vous les personnes qui vous ressemblent.

De façon disciplinée et tout à fait naturelle, si vous changez vos pensées et vos croyances, vous allez attirer de nouvelles personnes dans votre expérience de vie. Ceci vous permettra de vous conforter dans vos idées, de les développer et de les appliquer bien plus facilement que si vous faisiez le chemin tout seul.

Ici, il est donc primordial de voir ce qui pourrait être plutôt que ce qui est. De cette façon, vous allez pouvoir faire face beaucoup plus sereinement aux personnes qui ne vous encouragent pas ou qui vous mettent des bâtons dans les roues.

Réussir seul est extrêmement difficile et nous sommes également sur Terre pour vivre ensemble et grandir en communauté. Vous vous rapprochez donc naturellement des personnes qui vous ressemblent et des personnes avec qui vous vous sentez bien. En faisant cet effort de focalisation sur ce que vous voulez vraiment en y mettant toute votre volonté, votre foi et votre persévérance, il se peut que votre environnement change du tout au tout.

Vous pouvez vous servir de leviers sociaux comme les groupes du succès et autres possibilités que je détaille dans mon livre sur les 7 secrets cachés de la loi de l'attraction. Cela vous permettra d'avancer plus vite sur cette voie.

Mais n'oubliez jamais que vous attirez à vous les personnes qui vous ressemblent. Si vous avez l'impression que les personnes qui vous entourent ne vous correspondent pas, c'est que vous devez éliminer certaines croyances qui vous limitent dans ce que vous voulez vraiment. Encore une fois, c'est cet effort de focalisation et de visualisation de vos objectifs et rêves qui fera venir à vous ce que vous voulez vraiment.

Retenez également que votre environnement est là pour vous aider. Même si vous avez l'impression aujourd'hui qu'il vous mine, c'est qu'il n'a pas fini de vous transmettre toutes les leçons que vous devez en tirer. Vous créez votre réalité et les autres ne sont qu'un miroir de ce qu'il y a en vous. Si votre environnement fait naître en vous des émotions désagréables, prenez ceci comme un cadeau des dieux car cela vous permet de vous mettre au clair sur certains sujets. Une fois que vous aurez appris ce que vous avez à apprendre, votre environnement changera naturellement. Mais cela ne vous empêche pas de prendre les devants et d'aller à la rencontre de personnes comme vous.

EST-CE A LA PORTEE DE TOUT LE MONDE ? AI-JE DEJA LES CAPACITES EN MOI ?

Si d'autres l'ont fait, pourquoi pas vous ? Si d'autres le font, pourquoi pas vous ?

Ceci est un moyen de faire grandir sa croyance. Souvent, les gens ne pensent pas être capables d'accomplir leurs rêves. Pourtant, d'autres ont réussi auparavant. Si d'autres ont réussi, alors vous le pouvez aussi.

Toutefois, il y a certains paramètres à prendre en compte. Vous ne serez probablement jamais champion du monde du cent mètres si vous n'avez plus vos jambes. Exemple extrême peut-être mais il faut également faire face à certaines réalités qui sont évidentes. Viser l'impossible peut faire des miracles. Et je suis convaincu que les forces de l'univers peuvent vous aider à réussir quoi que ce soit à partir du moment où vous avez le véritable désir d'y arriver et la croyance que c'est entièrement possible. Mais vous devez aussi être réaliste !

Etre réaliste pour vous, pour moi et pour quelqu'un d'autre est complètement différent. Je crois personnellement que tout est possible, ce qui n'est peut-être pas votre cas. Et en fonction des domaines, nous tomberions parfois d'accord, parfois non. Ainsi, on peut vouloir quelque chose et être réaliste par rapport à celle-ci puisqu'on croit que c'est possible. Mais si l'on n'y croit pas, cela ne sert à rien de focaliser dessus sinon de nous apporter une source de frustration dans notre vie. Vous avez les capacités de tout obtenir. Mais il est judicieux d'y aller pas à pas.

L'argent est un domaine qui attire beaucoup de gens. Vous voulez gagner 5000 euro par mois ? Pourquoi pas ! Pouvez-vous croire que vous allez y arriver ? Si la réponse est non, commencez par focaliser sur 2000, puis 2500, puis 3000, etc. Mais n'oubliez pas que cet objectif doit réveiller des émotions positives en vous. Si en passant de 2000 à 2500€ par mois, vous vous rendez compte que vous allez pouvoir acheter des meilleurs produits ou économiser pour faire chaque année un superbe voyage avec votre famille, alors vous voyez la plus-value et vous en avez envie ! A partir de là, le pas devient suffisamment léger pour que vous puissiez y croire et il est suffisamment élevé pour réveiller un désir en vous.

Vous n'avez pas besoin d'être un intellectuel ou hyper compétent dans ce que vous voulez obtenir. Un vrai désir couplé à une vraie croyance ainsi que la persévérance d'aller au bout coûte que coûte vous mettra sur les bons rails. Vous pourrez alors apprendre progressivement et arriver à vos fins de façon certaine.

Dans tous les cas, souvenez-vous que vous devez vous sentir bien avec votre objectif. Si ce n'est pas le cas, c'est qu'il n'est pas adapté à votre situation. Ceci est capital. Un objectif qui colle parfaitement à vos besoins vous mènera à la réussite que vous voulez dans votre vie, qui que vous soyez, quoi que vous fassiez et quel que soit votre passé.

Vous avez déjà les capacités en vous d'obtenir tout cela. Servez-vous-en ! Retenez toutefois que chaque expérience est bonne. Même si vous n'atteignez pas l'objectif que vous vous fixez, profitez toujours du chemin et des belles leçons que la vie a à vous apprendre.

COMMENT FAIRE FACE AUX PERSONNES QUI NE CROIENT PAS EN MOI ET QUI ME BLOQUENT ?

Nous revenons à la question de l'environnement. Nous avons tous dans notre environnement proche ou éloigné des briseurs de rêves. Les briseurs de rêves sont ceux qui essaient de vous empêcher de réaliser vos rêves. Ceci peut être conscient ou inconscient. Parfois, même des personnes qui veulent vraiment votre bien et qui veulent que vous réussissiez vous mettent des bâtons dans les roues !

Quand vous parlez avec un briseur de rêves, vous prenez pleinement conscience de la réalité qu'il essaie d'inséminer dans votre esprit. C'est *sa* réalité. Et elle deviendra la vôtre si vous y apportez de l'attention et du crédit.

Pourtant, la réalité est très subjective. Chacun perçoit la réalité de façon différente. Et les briseurs de rêves ne se rendent souvent même pas compte que leur réalité est seulement leur vision des choses et non pas la vérité ultime. Ils pensent que c'est la seule valable car ils sont souvent bien renseignés sur ce qu'ils se passent dans le monde et donnent des exemples étoffés de ce qu'ils disent.

Quand vous entendez parler un briseur de rêves, il semble sincère et souhaite vraiment apporter sa pierre à votre édifice. Car tout semble porter à croire qu'il a raison sur toute la ligne...

Pourtant, vous devriez fuir comme la peste le briseur de rêves. Ou alors être assez fort pour lui vous affirmer et ne pas laisser de place à ses répliques négatives. L'objectif ici est d'impacter les personnes qui vous entourent par votre propre attitude positive. D'une façon générale, plus votre rêve sera grand et vous fera rêver et plus vous aurez de facilité à convaincre votre auditoire. Vous avez certainement déjà entendu des passionnés parler. Ils sont toujours très convaincants et parlent de ce qu'ils veulent et aiment vraiment avec le cœur.

Mais si vous n'êtes pas encore certain, que vous attendez du soutien et des encouragements, alors si vous croisez un briseur de rêve, votre rêve restera à l'état de rêve ou évoluera plutôt à l'état de rêve impossible.

Cela ne doit pas se passer de la sorte !

Tout rêve peut et se doit d'être réalisé ! Un rêve est sacré ! Quel que soit votre rêve, il existe pour une véritable raison : celle de vous rendre plus heureux, celle de vous faire avancer dans la vie dans la direction de votre choix, celle de contribuer au monde de la meilleure des façons.

Les enfants rêveurs sont les plus en avance sur les autres. Les rêves se transforment vite en objectifs si on ne rencontre pas de briseur de rêves en chemin.

Malheureusement, certains briseurs de rêves sont dans votre famille, dans vos cercles d'amis, dans vos collègues de bureau, etc. Ils ne s'en rendent même pas compte et vous non plus peut-être. Et vous apportez peut-être énormément de crédit à ce qu'ils disent depuis toujours car vous pensez dur comme fer qu'ils sont de bon conseil.

Alors prenez garde. Ce n'est pas toujours le cas.

Le sage écoute mais accorde une véritable attention seulement à ce qu'il souhaite.

Faites toujours attention à qui vous écoutez vraiment. Vous pouvez prendre les avis de chacun mais sachez que ceux qui essaieront de vous décourager n'ont pas forcément le savoir requis pour s'avancer. Encore une fois, cela peut être fait de façon consciente ou inconsciente. Des personnes qui vous aiment peuvent briser vos rêves tout en voulant le meilleur pour vous. Ne leur en voulez pas. Chacun fait toujours de son mieux avec les expériences qu'il a connues et qui il est aujourd'hui.

Pour résumer ce que vous devez faire face à ces personnes, avant toute chose, vous devez accorder du crédit seulement aux personnes qui savent vraiment, c'est-à-dire celles qui ont déjà obtenu ce que vous voulez.

Ensuite, vous avez la possibilité de vous éloigner des personnes qui vous limitent. Mais en focalisant sur ce que vous voulez vraiment, vous attirerez à vous naturellement les personnes qui vous feront aller de l'avant.

Enfin, adoptez la philosophie de l'action. N'attendez pas d'avoir des retours positifs des gens qui vous entourent pour avancer vers vos rêves. Ce serait mettre une condition énorme que de miser sur le fait que les autres vous pousseront ! Ce ne sera pas forcément le cas donc prenez les devant. Une technique peut être même de ne pas en parler et de commencer à faire les choses avant d'en parler. A vous de juger en fonction de vos ressentis et de ce que vous voulez vraiment.

Voilà une belle introduction à ce sujet, j'ai tenu toute une conférence sur les briseurs de rêves et comment y faire face, n'hésitez pas à me contacter pour en savoir plus.

EST-CE QUE MA CONDITION PHYSIQUE INFLUE SUR MA CAPACITE A UTILISER LA LOI DE L'ATTRACTION ?

Absolument ! Et ceci pour plusieurs raisons.

Il y a plusieurs aspects que nous pouvons traiter dans cette question. Il y a la notion d'alimentation, la notion de sport ou encore la notion d'équilibre énergique.

Premièrement, tout ce que vous mangez va être transformé en énergie ou éliminé par le corps. Enfin presque... Le problème réside dans certaines substances que l'on appelle toxines et dont le corps a beaucoup de mal à se débarrasser. Pourtant, ces toxines entravent littéralement le fonctionnement du cerveau et la circulation de l'énergie dans votre corps.

Nous attrapons ces toxines notamment par la nourriture. Aujourd'hui, la malbouffe est présente partout alors évitez soigneusement tout ce qui est fastfoods, plats préparés bas de gamme et globalement tout ce qui peut être plein de pesticides et de suppléments alimentaires nocifs.

La plupart des médicaments sont également à éviter lorsqu'ils ne sont pas nécessaires à 100%. La raison est qu'ils contiennent des substances qui entravent également le fonctionnement du cerveau et inhibent certaines fonctionnalités du corps.

D'une façon générale, quand vous regardez l'étiquette d'un produit et que vous ne comprenez pas certains mots tarabiscotés, c'est qu'il y a de grandes chances pour que ces ingrédients soient nocifs.

Privilégiez alors les aliments frais, biologiques, complets qui vous donneront bien plus de nutriments et bien moins de toxines. Ensuite, pratiquez du sport qui vous permettra d'éliminer naturellement des toxines. Pratiquez également des pratiques énergétiques qui favorisent la circulation du Qi dans les méridiens de votre corps reliant tous vos chakras, ces centres d'énergie présents dans tout votre corps.

Un proverbe indien dit : « *Fais du bien à ton corps pour que ton âme ait envie d'y rester* ». Respectez ce proverbe à la lettre car il est d'une sagesse infinie.

Le monde est en train d'évoluer et beaucoup d'êtres humains ressentent le besoin de revenir vers la nature. Cela commence par éviter ce qui est modifié par l'homme d'une façon perverse comme par exemple de vouloir faire grossir les animaux plus vite. Ceci est contre nature et nocif si vous mangez cette nourriture.

Faites-en sorte de donner le meilleur à votre corps pour améliorer votre dynamisme, améliorer les performances de votre cerveau et pouvoir être plus à l'écoute de celui-ci. Un concept extraordinaire que vous pouvez mettre en place pour gagner en énergie est le suivant : « le moins peut le plus. ». Cela signifie c'est rarement en ajoutant des choses dans votre vie que vous allez gagner en énergie mais plutôt en supprimant ce qui fait entrave au merveilleux fonctionnement de votre corps. Regardez les bienfaits du jeune par exemple, c'est juste exceptionnel. Rien qu'en éliminant certains produits ou en changeant certains comportements, vous pouvez doper votre énergie comme jamais.

JE N'ARRIVE PAS A CHANGER UNE HABITUDE QUE JE SAIS MAUVAISE POUR MOI, COMMENT FAIRE ?

Nous avons tous des habitudes dans notre vie. Des habitudes plus ou moins bonnes. Certaines franchement mauvaises.

Pourtant, une habitude se crée progressivement, jour après jour. *« L'habitude est un câble ; nous lui ajoutons un fil chaque jour jusqu'à ce qu'il devienne impossible à rompre. »*

Alors pourquoi tant d'entre nous avons de très mauvaises habitudes alors qu'elles se sont construites pas à pas ? C'est un cercle vicieux à vrai dire. Le premier pas nous fait passer dans l'engrenage qui prend de plus en plus de vitesse si l'on n'y prête pas attention.

Vos mauvaises habitudes plombent certainement vos projets et peut-être même votre bien-être au quotidien.

L'objectif ici est de voir que ces mauvaises habitudes peuvent être surmontées par 2 voies différentes, en fonction de votre personnalité.

La première est celle de l'autodiscipline tandis que la seconde est celle du désir ardent, ou de la motivation si vous préférez.

Pour celles et ceux qui ont été élevés à la dure, qui ont l'habitude des règles, de la discipline et qui sont rigoureux dans leur vie, alors l'autodiscipline fera des miracles.

Pour celles et ceux qui sont moins dans cet état d'esprit, le désir ardent recèle un pouvoir fabuleux : celui de vous motiver à un point tel que la procrastination deviendra quasi-impossible.

Le premier moyen pour changer ses mauvaises habitudes est donc d'utiliser ce merveilleux outil qu'est la discipline ! La discipline vous permet de vous affirmer et d'aller là où vous voulez.

C'est cette aptitude qui vous permet de franchir des obstacles parfois très difficile à surmonter. Ce sont les personnes qui ont un mental d'acier qui arrivent à faire leurs preuves grâce à une volonté de fer et une autodiscipline exemplaire.

Généralement, l'autodiscipline s'est construire grâce à notre éducation. Certains arrivent donc facilement à *suivre des règles* et à s'imposer des limites pour leur propre bien. D'autres ne voient aucune limite et sont *incapables de suivre un plan* ou de garder un cap.

Pourtant, chacun peut développer une autodiscipline de fer dans sa vie. Pourquoi croyez-vous que certains arrivent à arrêter de fumer et d'autres non ? Pourquoi certains arrivent à perdre suffisamment de kilos pour arriver à leur poids idéal sans jamais en reprendre ?

Ces changements d'habitudes sont possibles grâce à l'autodiscipline.

C'est aussi la différence entre les personnes qui savent ce qu'elles veulent et se donnent les moyens pour y arriver, et celles qui se laissent vivre sans jamais faire en sorte d'améliorer leur situation.

Peut-être êtes-vous dans ce cas où vous avez un challenge dans votre vie qui vous semble insurmontable. Instaurez-vous cette discipline d'avancer sur ce sujet chaque jour. Et faites en sorte que votre environnement vous y contraigne !

Par exemple, ne faites pas un régime tant qu'il y a une dizaine de paquets de gâteaux dans vos placards. Videz tout avant ! Construisez-vous un environnement qui vous empêchera littéralement de craquer.

Le régime est un exemple qui concerne beaucoup de monde mais c'est le même mode de fonctionnement dans tous les domaines.

Ce que je fais personnellement régulièrement, c'est que si je dois avancer sur un projet en particulier, alors je coupe toute source de communication qui pourrait me distraire comme internet, le téléphone, etc. Je fais en sorte de n'avoir qu'une seule chose à faire dans l'instant et de focaliser mon attention dessus. Et je sais qu'une fois la machine lancée, ça roule tout seul !

Toutefois, l'autodiscipline est un carburant qui se consume rapidement. Vous pouvez avoir une tonne d'autodiscipline sur vos projets, si la motivation n'est pas là, alors vous allez finir par souffrir.

C'est d'ailleurs le cas des personnes qui vont travailler tous les matins pour faire un job qui ne leur convient pas. Ça va un moment mais ça devient vite désagréable. Pour peu que les collègues ne soient pas franchement sympas et ça devient vite l'enfer. Cette réserve d'autodiscipline disponible est variable d'un individu à l'autre mais sachez que ce carburant se consomme de façon certaine.

L'idée est alors de développer votre motivation. Et pour cela, rien de tel que de faire naître un désir ardent. Ce désir qui vous permettra de mettre à bas vos mauvaises habitudes et d'avancer rapidement dans tout ce que vous entreprenez.

En voilà un carburant écologique et durable ! Le désir ardent est un carburant tout autant que l'autodiscipline. Mais celui-ci se consume très lentement car vous avez alors en ligne de mire quelque chose qui vous motive ! Il a même tendance à se régénérer de lui-même.

Le désir ardent est cet objectif qui vous fait vous sentir bien ici et maintenant, qui vous fait vibrer et vous n'avez qu'une envie : le faire devenir votre réalité.

Alors comment faire en sorte de faire naître ce désir ardent qui vous motive ?

Premièrement, vous devez avoir très clairement en tête ce que vous voulez car ceci sera votre désir ardent. Vous devez savoir ce que vous voulez.

Indifféremment de ce que vous vivez aujourd'hui (le fait de vous trouver trop gros, d'avoir un métier dévalorisant, de ne pas avancer dans vos projets, de ne pas trouver l'amour, etc.), vous allez déterminer avec précision ce que vous voulez. Par exemple :

- Peser 65 kg et pouvoir courir une heure d'affilée pour me sentir extrêmement bien physiquement

- Entrer dans une entreprise valorisante au cœur de mes valeurs qui sont l'honnêteté, la gratitude et le partage, tout en travaillant chaque jour sur des projets motivants.

- Trouver cette belle femme brune, intelligente, drôle et qui me comprend. Nous serons alors très complices et je me sens magnifiquement bien à cette idée.

Il faut à tout prix que ce désir résonne en vous, qu'il soit vôtre, qu'il soit motivant, qu'il vous donne envie de donner de votre personne pour avancer vers ce but. Dans la prochaine question, je donnerai précisément la méthode pour formuler un désir ardent qui soit impactant et fonctionne pour vous.

A présent que cet objectif est déterminé pour vous, tout ce que vous avez à faire est de **focaliser** dessus. Le but de cet exercice est de faire en sorte que vous vous sentiez bien ici et maintenant afin d'améliorer significativement votre situation rapidement. Car le fait de vous sentir mal dans votre situation vous amène à vivre toujours plus d'expérience de cette nature.

En provoquant ce déclic dans votre cerveau, vous allez alors vous sentir bien en vous focalisant sur ce que vous voulez. Etant donné que cet objectif vous semble réalisable (sinon voyez-le à la baisse) et que vous avez une terrible envie de le réaliser, alors vous allez mettre en application ce qu'il faut pour avancer vers ces objectifs.

Changer ses mauvaises habitudes peut paraître difficile. Pourtant, vous pouvez dès à présent faire preuve d'autodiscipline ou construire votre désir ardent de façon à passer à la vitesse supérieure.

Je vais vous donner un exercice qui vous permettra d'associer le pouvoir de l'autodiscipline et du désir ardent pour avancer sur tout type d'objectif.

Cet exercice se fait en 4 étapes :

1. Déterminez les mauvaises habitudes que vous souhaitez changer

2. Déterminez votre objectif avec précision

3. Formulez correctement votre désir ardent (voir question suivante)

4. Déterminez des actions précises que vous allez faire sans objection possible pour vous rapprocher chaque jour de ce désir.

5. Pardonnez-vous si vous faites des écarts. Nous sommes humains. Refocalisez toujours ce que vous voulez pour vous remettre dans la bonne énergie et les échecs vous rendront plus fort.

La balle est dans votre camp ! Choisissez des habitudes qui résonnent en vous et votre vie passera littéralement à un autre niveau.

COMMENT FORMULER MON DESIR ARDENT ?

Je souhaite terminer ce premier tome en traitant cette question absolument essentielle et primordiale. Nous avons parlé du plan à définir qui permet d'apporter de la clarté et d'attirer à soi les circonstances propices à notre succès. Mais cela ne nous dit pas comment formuler précisément son désir ardent, ou ce que l'on appelle plus communément objectif principal.

J'ai beaucoup étudié ce sujet de comment se fixer un objectif qui résonne en soi. Beaucoup de méthodes ne me convenaient pas avec l'expérience et je vous livre ici la meilleure façon pour que votre objectif soit porteur de belles émotions pour vous. Voici un exemple déjà bien travaillé mais qui contient encore d'énormes erreurs. Par exemple « Je veux peser 65 kg et pouvoir courir une heure d'affilée pour me sentir extrêmement bien physiquement avant le mois prochain. ».

Il y a déjà de nombreux éléments qui sont très bons mais il y a un mot que vous ne devriez pas utiliser. Ce mot est le verbe « vouloir ». Lorsque vous dites « je veux », vous envoyez à votre inconscient le message qui signifie « je n'ai pas et je voudrais », ce qui a comme résultat de vous mettre dans une énergie de manque. Cela fonctionne de cette manière pour la plupart des gens mais attention, chacun a son propre ressenti. Ensuite, il y a une notion de temps qui n'a rien à faire ici et je vais revenir sur ce point.

Voici donc les différents ingrédients pour transformer un objectif en désir ardent :

1. Utiliser le pronom JE car ce désir vous concerne VOUS.

2. Formuler votre objectif comme s'il était déjà arrivé dans votre vie afin que votre inconscient enregistre que vous êtes dans l'énergie du comme si vous aviez déjà ce que vous vouliez, ce qui va vous faire attirer précisément cela dans votre vie. Pour cela, vous pouvez utiliser le présent ou même le passé et utiliser des mots comme « maintenant que », ou « désormais ».

3. Utiliser des émotions, des mots qui vous parlent vraiment afin de créer ce désir et vous projeter dans la situation émotionnelle dans laquelle vous seriez si vous aviez ce que vous vouliez.

4. Ne pas mettre de limite de temps pour ne pas forcer l'univers à vous donner quelque chose que vous n'êtes pas prêt à recevoir. Une limite de temps peut littéralement se retourner contre vous. Une fois la date passée et l'objectif non atteint, vous commencerez à douter et votre belle énergie disparaîtra d'elle-même.

Enfin, soyez précis ou non, cela importe peu. L'important est l'intention qu'il y a derrière et les émotions que vous y portez. Si vous savez précisément ce que vous voulez et que vous êtes pleinement aligné avec cela, alors mettez autant de détails que possible. Mais sachez que si vous n'êtes pas pleinement aligné, la vie vous enverra des signes et des remises à l'ordre pour que vous trouviez ce qui a vraiment du sens pour vous.

Voilà un exemple de désir ardent : Je me sens magnifiquement bien maintenant que j'ai un corps athlétique, que je pèse 65 kilos et que je suis dans une forme olympique chaque jour ».

Cet objectif est au présent, me concerne personnellement, contient des émotions et me met dans l'attitude de comme si cette situation était déjà d'actualité. C'est ce genre d'objectifs que vous devriez avoir dans votre vie.

Voyez comme de simples mots et une simple tournure de phrase peuvent tout changer. Soyez très vigilant à bien construire votre désir ardent car c'est lui qui déterminera si vous focalisez sur ce que vous voulez vraiment, ou si vous êtes dans une énergie de manque. Dans tous les cas, souvenez-vous que ce qui compte est votre ressenti vis-à-vis de ce que vous visez

EST-CE QUE CERTAINES PRATIQUES PEUVENT RENFORCER LA LOI DE L'ATTRACTION ?

Nous passons à présent aux questions du second tome de cette série. Vous pouvez faire une pause, relire le premier tome ou poursuivre votre découverte. Nous allons notamment traiter des situations plus concrètes et apporter toujours plus d'éléments de compréhension dans ces lignes.

Cette nouvelle question est beaucoup posée dans le domaine de la loi de l'attraction. Par exemple, on me demande parfois si la méditation peut améliorer la loi de l'attraction ou notre capacité à attirer ce que l'on veut.

Premièrement, cela n'améliore pas la loi de l'attraction qui est une loi physique immuable de l'univers.

En revanche, cela peut considérablement améliorer votre capacité à attirer ce que vous voulez. D'une façon générale, toute pratique qui impacte sur votre état d'esprit et vos états émotionnels a un effet sur votre capacité à attirer. Ces pratiques sont généralement d'ordre spirituel comme la méditation, le yoga, le Qi gong ou simplement la relaxation. Cela peut-être également des pratiques

Il y a pour cela deux types de pratiques bien différentes. La première catégorie est celle qui comprend les pratiques qui sont censées vous aider à pacifier votre mental, à mieux gérer vos émotions et à vous sentir mieux et plus serein dans votre vie. Cela vous évitera d'émettre des fréquences sportives telles que les sports de combat, se défouler en plein air ou, pour citer un sport à la mode, faire de la danse comme la Zoumba. Cela peut aussi être l'art sous toutes ses formes.

La seconde catégorie de ces pratiques est celles qui vont vous faire monter en énergie émotionnelle. Certaines techniques permettent littéralement de vous booster, de vous motiver, de grimper sur l'échelle émotionnelle et d'avoir ainsi le sentiment d'être le roi du monde, de pouvoir tout conquérir et vaincre, de pouvoir tout réussir quelles que soient les limites. Le sport le permet par exemple. La musique également. Ensuite il y a des processus qui permettent par des mouvements énergiques et des sons de monter en énergie en quelques secondes. Ces pratiques sont magiques et l'idée n'est pas de vous donner des méthodes précises ici mais plutôt de vous donner des pistes.

En réalité, beaucoup de ces méthodes vous sont connues et vous pouvez commencer à les appliquer dès aujourd'hui. Rien que la pratique de la méditation vous apportera des bénéfices immenses !

Ensuite, prenez l'habitude de bouger. Le monde est en perpétuel mouvement. Si vous êtes immobile, votre énergie va décroître très rapidement. Si vous avez l'habitude de travailler sur un ordinateur chaque jour, habituez-vous à faire de nombreuses pauses, même très courtes, pour bouger, sauter, vous remettre dans la bonne énergie.

Enfin, travaillez votre monologue intérieur, cette petite voix qui vous accompagne partout. La voix qui est dans votre tête vous parle à chaque instant. Vous pouvez consciemment l'utiliser pour améliorer vos résultats. Apprendre à dompter cette petite voix est une des pratiques les plus puissantes que vous pouvez mettre en application dans votre vie. A chaque instant, cette petite voix est susceptible de vous pourrir l'existence ou de la sublimer. Si vous avez l'habitude de vous dénigrer et de voir la vie du mauvais côté, alors naturellement, vous allez vous sentir mal et attirer des circonstances où vous vous sentirez mal. Si, au contraire, vous êtes dans la bonne énergie, à positiver et à vous valoriser, les résultats positifs seront au rendez-vous.

Ces pratiques-là peuvent tout changer dans une vie. Ensuite, il y a tout un tas de rituels que vous pouvez mettre en place dans votre vie. Des habitudes qui permettent de passer sa vie au niveau supérieur. Cela se fait par l'alimentation, par certaines actions faites chaque jour, par l'autodiscipline de pratiquer des activités que vous savez bonnes pour vous. Vous le savez, on n'a rien sans rien. Rien ne se perd, rien ne se crée et tout se transforme. Vous pouvez transformer votre vie avec une dose de désir et une once de discipline.

D'une façon générale, toute pratique qui vous donne plus d'énergie est géniale. Elle peut être passive ou active, à vous de choisir le bon équilibre. Nous verrons un peu plus loin comment augmenter son taux vibratoire qui est absolument vitale pour se sentir bien et attirer ce que l'on souhaite. S'il fallait retenir deux mots ici pour l'instant, ce serait « bouger » car tout est en mouvement permanent dans la vie, et « pause » car on oublie parfois que se reposer est essentiel si l'on veut tenir sur le long terme. Il faut savoir ménager sa monture pour aller loin.

PUIS-JE IMPACTER LES AUTRES POUR QU'ILS AGISSENT SELON CE QUE JE SOUHAITE ?

Voici une question d'influence ! On peut être tenté d'influencer, voire de manipuler les autres, pour obtenir ce que l'on veut. C'est une attitude que je ne recommande absolument pas car elle se retournera souvent contre vous.

Toutefois, influencer les autres peut être très bénéfique dans de nombreuses situations. Nous allons donc nous arrêter sur ce point.

On peut influencer les autres mais pas tant que ça. Si mon désir est que telle personne change et que cette personne n'est pas prête à changer, elle ne changera pas. Et je me verrais malheureux à cause de cela. On ne peut forcer les autres, on peut seulement les influencer de par notre attitude et notre façon d'être. Chacun est donc libre d'être, d'avoir et de faire ce qu'il veut.

Il y a plusieurs types d'influence. Il y a l'influence passive qui consiste tout simplement à être soi-même et à montrer l'exemple. Si vous voulez que le monde soit tel que vous le souhaitez, alors construisez d'abord ce monde en vous-même. Gandhi l'a exprimé d'une très belle façon lorsqu'il a dit « *Soyez le changement que vous souhaitez voir dans le monde.* ».

Ceci n'est pas anodin. On croit parfois que l'on doit faire des actions précises envers les autres ou dire certaines choses qui vont pouvoir transformer ceux qui nous entourent. Cette technique peut fonctionner. Si vous êtes une personne douée en communication, vous pouvez alors convaincre toutes les personnes qui se trouvent autour de vous.

Je pense toutefois que la meilleure des manières de convaincre une personne sur le moyen et long terme est d'incarner pleinement le changement que vous souhaitez voir apparaître. Si vous êtes pleinement vous-même et que les personnes qui vous entourent remarquent que vous êtes bien dans votre peau et que votre vie semble particulièrement agréable, alors vous allez devenir une source d'inspiration. Voilà le secret des leaders.

Cela n'empêche pas de pouvoir utiliser d'autres techniques également. Le livre Influence et persuasion de Robert Cialdini par exemple ou encore Comment se faire des amis de Dale Carnegie, peuvent vous donner de nombreuses pistes. Vous y trouverez des habitudes extrêmement profitables à mettre en place qui vous permettront d'obtenir ce que vous voulez tout en agissant positivement envers les autres. Rien que le fait de sourire aux personnes qui vous entourent ou simplement de retenir leur prénom vous donnera une grande puissance dans vos relations et l'impact que vous avez sur les autres.

Pour répondre clairement à la question, on ne peut manipuler les autres sans avoir de retour de bâton. On peut influencer les autres pour le meilleur de soi et de notre environnement. Et c'est selon moi la meilleure des façons pour amener les autres à nous aider dans notre quête.

Soyez vous-même tout en sortant parfois de votre zone de confort pour appliquer une belle attitude face aux autres et vous verrez vos résultats augmenter significativement. N'essayez pas de manipuler. Si vous en ressentez l'envie, demandez-vous vraiment pourquoi vous le faites et si c'est bon pour la globalité, pour le monde. Contentez-vous d'influencer de par votre attitude et naturellement, certaines choses se mettront en place à votre avantage.

QUEL EST LE JUSTE EQUILIBRE ENTRE DESIR ARDENT ET LACHER-PRISE ?

Voilà un grand sujet que peu de personnes essayant d'appliquer la loi de l'attraction ont compris.

La loi de l'attraction de Napoleon Hill nous invite à avoir un désir ardent sur lequel focaliser toute son attention. Sans parler de désir ardent, avoir un objectif motivant ou un désir particulier fonctionne très bien. Pourtant, de nombreuses personnes, en focalisant sur un élément en particulier, n'arrivent jamais à l'attirer. Ceci est très souvent dû à un manque de lâcher-prise.

Et c'est complètement paradoxal ! D'un côté, on vous demande de focaliser toute votre attention sur un objectif particulier, et de l'autre d'être dans un lâcher-prise à chaque instant. Quel est donc le juste équilibre ?

En réalité, lorsque l'on focalise avec force et émotion sur quelque chose qui nous fait vibrer, il est fort probable que nous émettions des vibrations de manque. Car les faits actuels montrent que vous n'avez pas ce que vous désirez et vous ne voyez pas comment ça pourrait changer.

La loi de l'attraction ne prend pas sa source dans les faits actuels de votre vie. C'est une loi universelle qui a un champ d'action holistique, c'est-à-dire prenant en compte tous les éléments existants au niveau vibratoire. Ainsi, peu importe ce que vous possédez ou vivez aujourd'hui, la loi réagit par rapport à ce que vous lui donnez maintenant. Les faits ne comptent pas. Tout ce qui compte est ce que vous vibrez, les fréquences vibratoires que vous émettez. Cela signifie que si vous, de votre côté, prenez appui sur les faits actuels dans votre vie pour déterminer les fréquences sur lesquelles vous vous branchez, alors vous faites fausse route. Vous devez vibrer ce que vous désirez vraiment, un point c'est tout.

Ce point rejoint des principes relativement connu dans le domaine de la loi de l'attraction comme celui de « *faire comme si* ». Si vous pouvez être (c'est à dire penser et vibrer) et faire ou agir comme si vous aviez déjà ce que vous voulez, alors vous ne mettez aucune objection, d'un point de vue vibratoire, à l'obtention de ce que vous visez.

Cette clé, j'en donne de nombreux détails dans mon livre sur les 7 secrets que je vous recommande chaudement de lire car nous approfondissons les ingrédients absolument essentiels pour un succès et un bonheur florissant.

Vous avez toutefois ici les éléments nécessaires pour comprendre pourquoi il est si important de lâcher-prise dans la vie. D'une façon générale, c'est lorsque vous vous autorisez à ne pas obtenir ce que vous souhaitez que vous pouvez l'obtenir le plus facilement. C'est lorsque vous laissez la vie décider du meilleur pour vous.

Parfois, vous devrez passer quelques étapes avant d'obtenir ce que vous visez. On ne comprend pas toujours tout. On ne possède jamais la vision d'ensemble qui nous permettrait de tout savoir à l'avance. Seul le moment présent existe et vous devriez mettre toute votre attention sur cet instant-là. Plus vous serez ancré dans le présent tout en ayant un œil sur le futur, c'est à dire ce que vous désirez, et plus vos efforts seront récompensés à la hauteur de vos espérances et plus encore.

Je vous invite à relire tout ceci pour vous en faire une idée concrète. Vous ne lisez pas ces lignes par hasard et je suis certain que vous avez un cadeau à y découvrir et à intégrer dans votre vie.

Soyez ambitieux et opportuniste tout en étant serein et dans le moment présent, et vous propulserez littéralement votre vie à d'autres niveaux dans tous les domaines. N'oubliez jamais que ce qui est le plus important, quoi que vous fassiez et quoi que vous étudiez, c'est de vous sentir bien ici et maintenant.

SI PLUSIEURS PERSONNES VISENT LE MEME OBJECTIF, QUI ARRIVERA A LE CONCRETISER ?

Cette question est excellente ! Je me la suis posée pendant longtemps. En réalité, on pense parfois que la meilleure solution pour nous est évidente. Imaginez que vous désiriez devenir président d'un pays. Postuler au poste de président nous amène à penser que gagner est la meilleure solution. J'ai moi-même participé à des championnats du monde où il m'a été donné la chance d'être parmi les meilleurs. En 2010, j'aurais du logiquement me retrouver en haut du podium et tous les pronostics me donnaient vainqueur. Pourtant, au dernier moment, je me suis retrouvé au pied du podium. Cela a été une des plus grosses désillusions de ma vie. Quand on est persuadé que quelque chose va arriver, que l'on pense que c'est la meilleure chose qui puisse arriver et qu'elle n'arrive finalement pas, c'est franchement désagréable. Pourtant, ce moment est un enseignement immense avec le recul. J'ai pu comprendre certains paramètres que j'ignorais et qui m'ont fait perdre de façon évidente !

D'une façon générale, ce sera toujours la personne qui est la plus alignée entre qui elle est et ce qu'elle désire qui arrivera à ses fins. Pour deux personnes qui se battent pour la même chose et qui sont en alignement parfait (ce qui est peu probable dans notre monde mais admettons), alors la meilleure solution n'est pas forcément la victoire. Il est probable que le perdant y trouve autant son compte que le gagnant s'il accepte cette « défaite » et en tire des leçons.

On a beau être parfaitement aligné avec ce que l'on veut, on ne maîtrise pas les événements qui arrivent et notre manque de VISION entraîne parfois des résultats auxquels on ne s'attendait pas du tout.

Perdre les élections présidentielles face à notre concurrent qui a les mêmes ambitions ? Un désastre ! Mais c'est sans compter qu'une place de sénateur se libère, répondant mieux encore à ce que l'on veut si l'on prend en compte différents aspects comme la vie de famille ou encore les activités extra-professionnelles.

Voyez-vous où je veux en venir ? On ne peut que TENDRE vers une certaine direction. Mère Nature nous réserve toujours des surprises, et si l'on est dans un alignement parfait, alors une réponse parfaite arrivera, qui sera certainement meilleure que ce à quoi on pensait auparavant, même si ce n'est pas notre sentiment au premier abord.

Il vous faut accepter cela. La réponse à cette équation est *« l'acceptation que nous ne maîtrisons pas tous les événements mais seulement leur tendance et notre réaction vis à vis de ces derniers »*.

Pour résumer, lorsque deux personnes visent un même objectif et qu'il n'y a qu'une seule place disponible, alors il y aura officiellement un gagnant et un perdant. Mais d'un point de vue évolution et leçon de vie, tout ce qui arrive suit un plan précis. Chaque personne se retrouve toujours à la meilleure place pour continuer à évoluer dans le droit chemin. Je ne rentrerai pas dans le débat ici mais il est aussi à noter que chacun a son libre arbitre qui lui permet de décider consciemment de la direction que prend sa vie. Certains choisissent d'œuvrer pour le mal, pensant généralement faire le bien, et c'est également ce qui crée un équilibre. Mais il est bon de se rappeler que la Vie est extrêmement complexe et répond à des lois magnifiques qui nous donnent toujours ce qui est parfait pour apprendre et évoluer. Ainsi, chaque événement est une réponse à une combinaison de causes qui n'a pas toujours de sens pour nous d'un point de vue logique, mais qui nous amène toujours sur le chemin idéal.

Pour conclure, lorsque l'on n'obtient pas ce que l'on pensait obtenir, alors posons-nous les bonnes questions pour savoir pourquoi et cherchons le cadeau qui se cache derrière. Telle est la clé d'une vie qui vous fera grimper les échelles du succès et du bonheur à grande vitesse.

TOME 2

QUEL EST LE FACTEUR DETERMINANT ENTRE PLUSIEURS SPORTIFS AU TOP NIVEAU ?

J'ai reçu une question très intéressante que je vais vous retranscrire ici :

Les plus grandes stars du sport (Rafaël Nadal, Ronaldo, Messi, Michael Jordan, Usain Bolt), certes très talentueuses, disent avoir travailler dur, très dur, que c'est le travail, la répétition, qui a payé et qui a fait qu'elles sont devenues les meilleures. Qui n'a pas entendu "seul le travail paie" dans ce genre de milieu.

Or d'après la loi, les compétences, les actions ne comptent qu'à 1% pour obtenir ce que l'on veut par rapport à l'attitude, aux émotions, à ce que l'on ressent.

Penses-tu qu'ils connaissent tous la loi de l'attraction (?) ou alors ils l'appliquent de manière inconsciente ?

Car en principe les meilleurs joueurs ne devraient pas être ceux qui ont le plus de talent et qui travaillent le plus mais ceux qui connaissent et appliquent la loi non ?

Cette question est issue d'une incompréhension d'un principe que je traite dans mon livre sur les sept secrets. Pour qu'il y ait un équilibre parfait dans votre vie, vous devez mettre la priorité à

99% sur vos pensées, émotions, croyances, en d'autres termes, sur votre pourquoi, sur vos motivations. Le comment avec l'action et les techniques, astuces, compétences, vient en parallèle avec les 1%.

Cela ne signifie pas qu'il faut passer 99% de son temps à penser et 1% du temps à agir. Il n'est pas question ici de temps. Il est question d'importance. Dans tous les cas, l'action est primordiale et c'est ce qui amènera des résultats dans votre vie. Toutefois, agir sans avoir l'état d'esprit correct pour réussir est peine perdue dans la majorité des cas. Un sportif avec des qualités physiques exceptionnelles et un mental de perdant ne gagnera jamais. Un sportif très bon avec un mental en acier, une positivité et une combativité incroyable, peut gagner.

C'est pourquoi l'état d'esprit est à la base de tout et il peut se construire chaque jour.

Ensuite, c'est l'action qui va faire la différence. Et notamment l'entrainement. Les sportifs qui gagnent des compétitions sont ceux qui se sont entrainés le plus dur et qui ont comme rêve de gagner. La répétition est effectivement une grande alliée.

Un grand maître d'arts martiaux a dit un jour « Je n'ai pas peur des dix mille coups que tu connais que tu as pratiqués une fois, mais j'ai peur à en mourir du seul coup que tu connais que tu as pratiqué dix mille fois. ».

Cela signifie qu'à partir du moment où l'état d'esprit est juste et approprié à la victoire, c'est l'action et la préparation de l'individu qui va faire la différence.

Ensuite, de nombreux facteurs peuvent rentrer en compte.

Il est bon de se rappeler que le résultat importe peu car le succès ne se détermine pas à la destination où nous arrivons mais au chemin que nous avons parcouru et que nous parcourons encore. Certaines personnes auront tout fait correctement pour gagner mais ne gagneront jamais. Ceci s'explique parce qu'elles ne devaient pas gagner. La vie leur a donné ce dont elles avaient le plus besoin pour grandir et apprendre des leçons de vie.

Je peux parler de ce sujet en connaissance de cause car j'ai moi-même participé à des compétitions à très haut niveau ce qui m'a mené à être champion du monde en 2006. J'aurais pu rééditer cet exploit en 2010 mais la vie a décidé de me donner une très grande leçon ce jour-là, me relayant au pied du podium dans des conditions assez catastrophiques.

J'étais trop attaché au résultat. J'avais attribué au résultat une notion de plus grand bonheur, en oubliant que le chemin était déjà ce qu'il y avait de plus beau.

Il faut beaucoup de recul pour pouvoir prendre ce genre d'événement avec un grand optimisme, et comprendre comment en ressortir grandi. Chaque événement est là pour nous aider à être qui l'on est vraiment. Tout est là pour nous aider à nous révéler. Tout est là pour que nous fassions briller notre lumière de la plus belle des manières.

Retenez toujours cela. L'état d'esprit est primordial. Mais c'est l'action qui vous donnera des résultats concrets dans votre vie. Ensuite, lâchez-prise sur les résultats et vous vivrez une vie agréable et passionnante.

Ce qu'il faut retenir, c'est que le classement final d'une compétition est parfait pour chaque joueur, du point de vue de leur évolution personnelle. L'univers gère tout cela pour nous. Il nous permet de nous retrouver toujours au meilleur endroit au meilleur moment pour vivre l'expérience la plus enrichissante possible en fonction de notre évolution personnelle.

TOME 2

POURQUOI LE NEGATIF SEMBLE ARRIVER PLUS VITE QUE LE POSITIF ?

C'est une question qui m'a souvent été posée et c'est pourquoi je me permets de faire un point précis sur ce sujet.

Vous devez comprendre que ce qui compte vraiment, ce n'est pas ce qui va arriver. Ce qui va arriver dépend de comment on se sent aujourd'hui et dépend de comment on va interpréter les événements qui nous arrivent.

Le positif et le négatif sont deux notions très subjectives. Deux personnes vivant la même situation peuvent la vivre de façon complètement différente et l'interpréter à leur avantage ou non. Dans la même idée, vous pourriez réagir complètement différemment face à la même situation si vous vous trouvez dans un état émotionnel différent.

Vous l'avez certainement remarqué. Quand vous allez bien, que vous avez de l'énergie et un grand sourire sur votre visage, tout semble se passer à merveille et il faudrait vraiment une catastrophe pour vous ôter cela. Tandis que lorsque l'on se senti mal, tout ce qui nous arrive nous impacte négativement.

Ce qu'il faut comprendre de cela, c'est que vous devriez avoir une véritable focalisation sur le fait de vous sentir bien ici et maintenant. L'idée ici est de vous faire comprendre que, quels que soient vos objectifs, vous devriez toujours garder en tête de vous sentir bien. C'est un équilibre indispensable à toute réussite et vous devriez vraiment prendre ce conseil au sérieux.

Pour résumer, rien de ce qui vous arrive n'est bien ou mauvais. Vous vivez toujours des expériences qui vous servent dans votre propre croissance. C'est à vous de les interpréter de la meilleure des façons et d'en voir les aspects bénéfiques. Tout peut être bénéfique dans la vie à condition de regarder le monde de cette façon.

Je vous invite à faire l'exercice suivant dans les jours et semaines à venir. Chaque fois que vous vivrez une situation désagréable, qui réveille en vous des émotions comme la colère, le doute, la peur ou encore la frustration, efforcez-vous d'essayer de comprendre pourquoi ces émotions se réveillent. L'événement ou la personne qui les déclenchent n'est pas en cause. C'est seulement votre réaction qui vous fait vous sentir mal. C'est ce que cela réveille en vous. Donc c'est votre réaction que vous devez changer pour vous sentir bien. Efforcez-vous donc de chercher ce qui se cache derrière tout cela, quel démon en vous cela titille, et comment vous pouvez tirer profit de cette situation. Et c'est d'ailleurs un cadeau que de pouvoir se confronter à ces choses-là. Lorsqu'une situation ou une personne réveille en vous un sentiment désagréable, c'est que l'univers a décidé de vous faire vivre cette expérience car vous êtes prêt. Et c'est à vous d'en tirer le meilleur pour continuer à avancer. Dans le cas contraire, d'autres situations de même nature se représenteront à vous. C'est ainsi que certaines personnes vivent dans les mêmes schémas pendant des années alors qu'il leur suffirait d'essayer de comprendre pourquoi tout cela arrive et d'en tirer les leçons associées.

En résumé, nulle situation n'est bonne ou mauvaise. Seule votre réaction à ces situations fait foi. Changez vos réactions tout en comprenant ce qui fait obstacle en vous et vous propulserez votre vie à d'autres niveaux. Souvenez-vous toujours que le positif et le négatif ne sont que des jugements qui peuvent être changés à tout moment.

JE VIENS DE VIVRE UNE SITUATION CATASTROPHIQUE, EN QUOI CELLE-CI ME SERT-ELLE ?!

Il est certain que ce n'est pas toujours évident de comprendre pourquoi telle et telle chose nous arrive. La vie est complexe. Nous vivons des moments agréables et des moments désagréables. Cela suit également la loi des cycles impliquant que tout est périodique en ce monde. Le cycle vie et mort, le cycle des saisons, le cycle du jour et de la nuit, et ainsi de suite.

Dans la vie de tous les jours, cela fonctionne de la même façon pour nous. Difficile de rester en état émotionnel élevé en permanence. Il y a certains moments où l'on va se sentir moins d'attaque, avoir besoin de repos, de changer d'air. Tout comme il y a des périodes où tout va vous sourire et d'autres où vous risquez d'en prendre plein la figure.

C'est dans ces moments-là que vous devez être solide au niveau de votre état d'esprit. On vit parfois des situations catastrophiques et c'est entièrement normal. Il n'y a même rien de plus normal. La vie nous donne logiquement des épreuves à surmonter pour une multitude de raisons. Cela peut-être de vous assurer de faire bonne route, de vous affûter sur certaines compétences qu'il vous manque, ou encore de régler certaines choses en vous avant d'aller plus loin.

De ce fait, vous allez parfois vivre des situations désastreuses qui font partie de ce processus de croissance. Si vous écoutez par exemple les personnes à succès qui ont construit de très belles entreprises, elles vous diront toujours qu'elles ont vécu des moments difficiles. La plupart des millionnaires ont connu des échecs cuisants avant d'exploser. Je connais même certaines personnes qui sont passées plusieurs fois de millionnaires à fauchées. Je vous raconterai par la suite mon expérience avec l'organisation du Success Days qui a connu maints rebondissements très challengeant pour mon associé et moi-même.

Cela peut paraître insensé mais la vie fonctionne de cette façon. Rien n'est bon ou mauvais en soi. Tout est là pour vous aider à avancer sur votre chemin, à accomplir vos rêves et à grandir spirituellement. Ainsi, la vie vous donne des situations qui vont vous permettre d'avancer dans ces domaines-là.

En réalité, nous avons été habitués à tout étiqueter. On va penser que telle chose est bonne et telle autre mauvaise, que telle situation est meilleure qu'une autre, que tel agissement est préférable à un autre. Mais tout ceci n'est qu'illusion. Tout est, tout simplement. Objectivement, rien n'est bon ou mauvais. C'est seulement votre perception de la réalité qui vous donne ces sentiments-là.

Donc en quoi peut vous servir une situation catastrophique ? Premièrement, elle ne l'est pas. C'est seulement votre perception de cet événement qui vous fait penser qu'elle est catastrophique. Elle peut aussi faire partie intégrante d'un processus qui va vous amener plus de joie ou de succès par la suite. Je vous invite donc à modérer vos jugements. Rien n'est bon ou mauvais en soi.

Cette situation vous sert de façon évidente car toute situation dans la vie naît dans notre expérience pour nous faire évoluer ou comprendre certaines choses essentielles. Ainsi, une défaite, une faillite, une disparition ou quoi que ce soit d'autre peut toujours nous apporter quelque chose. On peut apprendre beaucoup sur nous-mêmes, sur nos possibilités et nos limites.

Pensez toujours à avoir cette ouverture d'esprit qui allège et pousse à toujours voir le côté positif des choses. C'est en cela que nous possédons une force colossale. Nous pouvons décider à chaque instant des pensées que nous entretenons et ainsi propulser notre vie dans la direction que l'on souhaite vraiment. C'est ce que j'appelle avoir un état d'esprit d'étudiant en permanence. En étant ouvert à la nouveauté, vous vous ouvrez au meilleur pour vous. Nous sommes des êtres humains venant vivre des aventures passionnantes sur Terre. Il est de notre ressort de nous ouvrir à qui l'on est vraiment et au meilleur qui puisse nous arriver. Ainsi, même lorsque le ciel semble nous tomber sur la tête, on peut appréhender cet événement différemment. La vie n'est pas un long fleuve tranquille et ce n'est pas parce que vous maîtrisez pleinement la loi de l'attraction que vous n'allez pas attirer des situations désagréables. Mais toutes ces situations sont là pour vous, ce sont des cadeaux du point de vue de votre Être.

POURQUOI JE SUIS MALCHANCEUX ?

Pour répondre à cette question, je vais vous raconter une histoire.

Il y avait, dans un village, un homme très pauvre qui avait un très beau cheval. Le cheval était si beau que les seigneurs du château voulaient le lui acheter, mais il refusait toujours. "Pour moi ce cheval n'est pas un animal, c'est un ami. Comment voulez-vous vendre un ami ?" demandait-il.

Un matin, il se rend à l'étable et le cheval n'est plus là. Tous les villageois lui dirent : "On te l'avait bien dit ! Tu aurais mieux fait de le vendre. Maintenant, on te l'a volé... quelle malchance !

Le vieil homme répond "Chance, malchance, qui peut le dire ?"

Tout le monde se moque de lui. Mais 15 jours plus tard, le cheval revient, avec toute une horde de chevaux sauvages. Il s'était échappé, avait séduit une belle jument et rentrait avec le reste de la horde.

"Quelle chance !" disent les villageois.

Le vieil homme et son fils se mettent au dressage des chevaux sauvages. Mais une semaine plus tard, son fils se casse une jambe à l'entraînement.

"Quelle malchance !" disent ses amis. "Comment vas-tu faire, toi qui est déjà si pauvre, si ton fils, ton seul support, ne peut plus t'aider !".

Le vieil homme répond "Chance, malchance, qui peut le dire ?"

Quelques temps plus tard, l'armée du seigneur du pays arrive dans le village, et enrôle de force tous les jeunes gens disponibles. Tous... sauf le fils du vieil homme, qui a sa jambe cassée. "Quelle chance tu as, tous nos enfants sont partis à la guerre, et toi tu es le seul à garder avec toi ton fils. Les nôtres vont peut-être se faire tuer..."

Le vieil homme répond "Chance, malchance, qui peut le dire ?"

Cette histoire montre à quel point les notions de chance et de malchance sont abstraites !

Ce qu'il faut retenir de cette histoire, c'est que la chance et la malchance ne sont que des jugements illusoires. J'insiste sur ce point pour vous faire prendre conscience de l'importance d'être et accueillir ce qui est. On pense souvent à tort qu'une situation qui nous arrive est à notre désavantage alors qu'en réalité, c'est la plus belle des opportunités.

Notre manque de vision impacte directement notre façon de voir le monde. Le futur nous est livré par fragments. Nous ne savons jamais ce qu'il nous réserve. Ce qui est certain, c'est qu'une attente positive permanente nous ouvre les portes de la chance, de la créativité, et nous rend plus heureux.

Vous n'êtes pas malchanceux. Vous avez seulement appris à voir cet aspect-là dans votre vie. Et puisque vous focalisez votre attention sur cela, vous l'incarnez à merveille. Ainsi, vous êtes malchanceux et les autres ont tendance à vous le rappeler régulièrement.

Commencez alors par changer votre perception de vous-même et de votre vie. Cela commence tout simplement en ouvrant les yeux sur tout ce pour quoi vous avez de la chance dans votre vie.

Vous avez un toit au-dessus de votre tête chaque soir ? Vous êtes mieux loti que des millions de personnes. Vous mangez à votre faim, avez de l'eau et de l'électricité à volonté ? Vous faites partie d'une élite privilégiée sur la planète. Vous avez deux bras et deux jambes ? Certains n'ont pas cette chance.

On oublie souvent à quel point nous sommes chanceux et que tout nous est servi sur un plateau pour vivre la plus enrichissante des vies. Je n'ai pas dit la plus belle car on vit également des situations difficiles qui nous poussent justement à évoluer, à modifier notre perception du monde et de nous-mêmes. Votre vie est enrichissante à tout point de vue. Et vous avez une chance inouïe de pouvoir vivre chaque seconde de votre existence.

Telle est la loi de la vie. Chaque chose est, tout simplement. Chaque chose est à sa place. Rien que le fait de vivre est une chance magnifique. Vous pouvez découvrir le monde, vivre des expériences riches et variées, créer des relations avec de magnifiques personnes, et tant d'autres choses. La vie est un véritable cadeau. Et vous vous devez d'honorer le cadeau en en jouissant un peu plus chaque jour. Vivez à fond et avec le cœur et vous découvrirez à quel point la chance habite votre vie.

Vous pouvez adapter cette façon de penser à tous les domaines de votre vie. Si vous manquez d'argent, reconsidérez votre manière de l'aborder. Si vous voulez des relations sociales plus épanouissantes, changez votre vision par rapport à ces dernières. Si vous voulez plus d'énergie, voyez toutes les raisons que vous avez d'avoir de l'énergie et comment vous pourriez la sublimer. Tout vous est possible à partir du moment où vous réajuster les curseurs de votre état d'esprit.

COMMENT TROUVER SA MISSION DE VIE ?

Cette question touche au cœur de ce qu'il faut comprendre dans la loi de l'attraction. Pour y répondre de la meilleure des façons, j'ai construit un programme complet en 15 jours dont je vous offre une bonne partie. Vous trouverez le lien d'accès en fin d'ouvrage.

Je ne vais pas m'éterniser ici sur toutes les possibilités qui s'offrent à nous pour trouver notre mission de vie, ou encore notre grand rêve, notre pourquoi, notre but ultime, etc.

Trouver sa mission de vie devrait être une des premières choses sur lesquelles on s'attelle dans notre vie. Je pars du principe que nous ne venons pas sur Terre par pur hasard. Ce serait pour moi complètement dénué de sens de me dire que je suis par simple coïncidence.

Nous venons tous avec des attributs spécifiques, des dons ou aptitudes naturels et des domaines qui nous attirent plus que d'autres. Tout cela se mêle à l'éducation que nous recevons ainsi que les diverses expériences que nous cumulons progressivement.

Tout cela fait de chacun d'entre nous une personne unique. Oui, unique ! Par conséquent, il n'y a que vous qui puissiez apporter au monde cette valeur unique que vous contenez. Peu importe la forme et la portée de vos actions, elles contribueront au monde dans lequel nous évoluons.

Alors comment trouver ce pour quoi vous êtes vraiment fait ? Comment trouver ce dans quoi vous désirez vraiment, au fond de vous, vous illustrer ? Comment trouver votre mission de vie ?

Je vais vous donner 2 astuces pour commencer à avancer sur cette voie.

Premièrement, je vous invite à vivre et à oser expérimenter de nouvelles choses qui vous attirent ou qui vous font peur ! Ceci vous mènera directement vers de nouveaux horizons et de nouvelles opportunités qui vous éclaireront sur ce à quoi vous voulez consacrer votre vie. Vivre pour découvrir et apprendre pour toujours croître, c'est ça la vie. Cette simple formule peut faire des miracles dans votre vie. Et je vous garantis que vous vous coucherez chaque soir avec le sentiment d'avoir avancé, fait de grandes choses et d'être pleinement vivant ! On ne sait pas ce qu'on ne sait pas. D'où l'importance de découvrir de nouveaux domaines, de nouvelles personnes, qui vont nous permettre d'affiner ce par quoi l'on est attiré. Vous trouvez peut-être ce conseil bateau mais beaucoup de personnes cherchent sans jamais trouver et finissent par ne rien faire. Or, lorsque vous êtes dans une démarche proactive, la vie vous donne ce dont vous avez besoin au fur et à mesure que vous avancez. Ainsi, votre champ de vision s'éclaire, s'agrandit et vous pouvez voir ce que vous ne pouviez même pas imaginer auparavant.

Ensuite, je vous invite à lire des livres qui ouvrent l'esprit, à suivre des personnes et des conférences sur des sujets de ce type. Cela vous permettra de connaître le point de vue d'autres personnes qui sont spécialisées dans leur domaine et qui réalisent leur mission de vie au quotidien. Parfois, la mission de vie s'exprime de façon très discrète et c'est très bien comme cela. Soyez simplement ouvert à la possibilité de la trouver à chaque instant et de pouvoir l'exprimer dans les différentes sphères de votre vie. Mais comme toujours, ne faites pas l'erreur de trop chercher, en mettant la pression à l'univers. Tout arrive au meilleur moment et peut-être exprimez-vous déjà ce pour quoi vous êtes fait sans même vous en rendre compte.

De nombreux exercices permettent d'aller plus loin dans ces domaines. Par exemple, de nombreuses méditations et exercices spécifiques permettent d'y arriver. Je vais avoir du mal à vous donner une méditation ou une visualisation ici mais je vais vous donner un exercice qui peut vous apporter un véritable éclairage. Il est simple et tout le monde peut le faire chez soi. Pourtant, je connais extrêmement peu de personnes qui le font vraiment.

Cet exercice, c'est celui de prendre une feuille blanche ainsi qu'un stylo et de noter pendant 20 minutes tout ce qui vous intéresse, tout ce que vous aimeriez faire et tout ce pour quoi vous êtes bon. Pendant 20 minutes, efforcez-vous de rester focalisé sur cet exercice sans aucune distraction. Si vous êtes bloqué, continuez à chercher. Il est tout à fait normal que la première fois que vous fassiez cet exercice, vous bloquiez rapidement. C'est en vous efforçant à chercher là où votre esprit n'a jamais cherché que vous allez découvrir de nouvelles pépites.

Voilà quelques exercices et attitudes à adopter au quotidien qui vous permettront de trouver ce pour quoi vous êtes vraiment fait. Votre vie prendra une tournure complètement différente une fois que vous aurez trouvé cela. Personnellement, ma vie a pris un nouveau tournant le jour où je l'ai trouvé et que j'ai pris l'engagement d'y mettre toute mon énergie.

Quoiqu'il arrive, écoutez toujours votre cœur qui sait où vous devez aller. J'ai personnellement fait des études jusqu'à BAC+5 pour faire quelque chose de complètement différent finalement. Certaines personnes me disaient que c'était du gâchis de ne pas me servir de mes acquis. En réalité, je m'en servais bien mieux en écoutant mon cœur mais ceci n'était pas visible pour les autres.

Je vous souhaite de découvrir votre raison d'être rapidement et de donner un nouveau souffle à votre vie dans tous les domaines grâce à cela !

COMMENT PENSER AVEC NOS TROIS CERVEAUX ?

Je souhaite ici vous faire prendre conscience d'une autre façon de se représenter le fonctionnement du corps que celui du point de vue traditionnel, en partant du constat que nous avons trois cerveaux. Pas au sens littéral du terme bien sûr. Larousse définit le cerveau comme *le siège de l'intelligence, du jugement, de l'imagination*.

Par définition, nous appelons cerveau *toute partie qui contient des neurones*. Et nous possédons trois centres nerveux dans notre corps que nous pouvons appeler cerveaux pour simplifier les explications.

Le cerveau dans notre tête contient le reptilien, le limbique et le cortex. Ceci est notre cerveau dominant avec plus de cent milliards de neurones. C'est lui qui nous permet de penser, d'imaginer, d'analyser, ainsi que d'utiliser toutes les fonctionnalités de notre cerveau gauche et de notre cerveau droit.

Le cerveau viscéral qui est présent dans le ventre et qui contient tout de même deux cents millions de neurones. On parle souvent de cet endroit comme du deuxième cerveau. D'où l'importance de prendre soin de son alimentation et de sa digestion. Quand on dit que la mort commence dans le colon, c'est une réalité vraie ! On va revenir sur tout cela.

Enfin, le cerveau du cœur qui contient quarante mille neurones, qui est le siège de nos émotions et qui est d'une importance primordiale dans le cadre de la loi de l'attraction.

Si je vous parle de ces trois cerveaux, c'est que les scientifiques se sont amusés ces dernières années à mesurer les champs électromagnétiques du cœur et du cerveau. Le verdict est sans appel. Le champ magnétique du cœur est près de 5000 fois supérieur à celui du cerveau, ainsi que 100 fois supérieur pour le champ électrique.

Ce qui est passionnant, c'est que nos émotions et nos sentiments impactent directement ces champs. Lorsque l'on sait que le monde est constitué de ces champs magnétiques et électriques, on comprend alors que notre cœur impacte directement le monde qui nous entoure. Cela signifie que les émotions et sentiments que nous entretenons au quotidien influencent directement notre vie.

Pour avoir un très bon résumé de ces sujets-là, je vous invite à regarder la vidéo de Gregg Braden sur ce sujet que vous trouverez dans les ressources de ce livre.

La science nous donne aujourd'hui les raisons scientifiques pour lesquelles on doit apprendre à utiliser notre cœur au service de notre vie. Ce n'est pas votre cerveau principal qui vous rendra heureux. Ce n'est pas en passant notre temps à penser et à analyser que l'on va créer la vie de nos rêves. Une vie merveilleuse se construit avant tout grâce à nos émotions. Il y a la phase d'imagination bien sûr qui est portée dans notre cerveau principal.

Mais ce qui va créer la magie dans votre vie, ce sont les émotions que vous allez ressentir et qui vont affecter les champs électromagnétiques qui vous entourent.

Votre cœur existe pour vous faire émettre des émotions puissantes. Le cœur envoie des signaux à votre cerveau principal qui active alors les différentes parties de votre corps pour rendre tout ceci réel.

Votre cerveau principal devrait toujours être au service de votre cœur. Ce n'est pas lui le commandant, c'est votre cœur ! Ce qui fait votre puissance, ce sont les émotions que vous ressentez. La vie est émotion. Vivez à fond votre vie pour ressentir la joie et l'excitation le plus souvent possible !

Enfin, je souhaite vous dire deux mots sur le cerveau du ventre. Ici, de simples images suffiront. Avez-vous déjà ressenti quelque chose qui vous prenait par les tripes ? Un projet ambitieux ? Une peur viscérale ? Une alliance prometteuse ? Un désir immense de partir à l'autre bout du monde ? Réfléchissez à cela. Nos tripes sont également le siège de nos émotions au niveau du chakra solaire. Et en parallèle de cela, je me permets de refaire un point sur l'alimentation et la digestion. Ces éléments sont primordiaux et à la base de votre santé et de votre énergie. L'énergie est à la base de toute chose. Si vous n'en prenez pas soin, vous aurez des difficultés à vivre une vie pleinement épanouie !

Nous vivons dans une société où il existe désormais plein de façons de bien se nourrir. Adoptez de bons réflexes et prenez soin de votre énergie dès à présent. Bougez votre corps régulièrement et donnez-lui du bon carburant et non pas de la malbouffe ou encore des shoots de pesticides.

Ensuite, prenez l'habitude de mettre votre cerveau au service de votre cœur en focalisant sur ce qui vous fait vous sentir bien et votre vie s'embellira naturellement. Suivez avant tout votre intuition et ce que vous dicte votre cœur pour vivre la vie que vous méritez de vivre.

J'estime beaucoup un conférencier qui a pour habitude de dire que la pensée est la plaie de l'humanité. Ce conférencier milliardaire a compris que pour vivre une vie de rêve et gagner de l'argent naturellement, il suffit de suivre son cœur à chaque instant et à agir dans le moment présent. C'est cela le chemin vers une vie épanouie. Vivre ici et maintenant pour des objectifs qui nous tiennent à COEUR ou qui nous prennent par les TRIPES. Faites-le maintenant !

LE PASSÉ PÈSE TROP LOURD SUR MA CONSCIENCE, COMMENT CHANGER CELA ?

Le passé est un cadeau. Il est la somme des causes qui ont créé les effets que vous connaissez dans votre vie aujourd'hui. Il est tout ce que vous êtes aujourd'hui. Il représente vos expériences de vie, les leçons que vous avez apprises, les relations que vous avez construites, et tant d'autres.

Pourtant, il se peut que des événements passés soient chargés de fortes émotions désagréables pour vous, vous pourrissant l'existence aujourd'hui. Pourquoi en est-il ainsi ?

La raison est simple. Vous focalisez sur le passé et non sur la seule variable temps qui existe : le présent. L'idée n'est pas de refouler tout ce que vous avez en vous mais de prendre conscience que tout cela n'est que du vent. Cela n'existe pas. Ce sont des créations de votre esprit. Tout ce qui existe, existe ici et maintenant. Ce qui s'est passé hier n'existe plus. Ce qui se passera demain n'existe pas encore.

Votre passé est simplement la résultante de choix que vous avez pris parmi un nombre de scénarios infini. Votre futur est identique. Il est constitué d'une infinité de possibilités que vous pouvez choisir de suivre à chaque instant :

- Vous pourriez maintenant fermer ce livre, partir à l'autre bout du monde avec 20 euro en poche et un couteau suisse et ne jamais revenir.

- Vous pourriez vous lancer dans la création d'une entreprise qui pèsera plusieurs millions d'euro d'ici quelques années.

- Vous pourriez aller aborder une trentaine d'hommes ou de femmes dans la rue et trouver votre âme sœur en une journée.

- Vous pourriez décider de devenir végétalien en un claquement de doigt.

- Vous pourriez décider de marcher pieds nus tout le temps et pour le restant de vos jours.

- Vous pourriez écrire un livre par semaine et devenir un auteur célèbre.

Votre futur n'est qu'un ensemble de possibilités qui s'offrent à vous. Pourtant, la plupart des personnes choisissent un chemin tout tracé plutôt que de le tracer eux-mêmes. Continuer un travail qui n'est plus en accord avec ses besoins. Continuer à manger les mêmes aliments. Continuer dans les mêmes habitudes jour après jour. Continuer à voir les mêmes personnes. Continuer à penser les mêmes choses. Et ainsi de suite.

Si je vous dis cela, c'est pour vous faire bien comprendre que votre passé s'est construit de par vos choix. Par ailleurs, vous pouvez avoir vécu certaines situations dans votre enfance lorsque vous n'étiez pas pleinement responsable qui vous causent encore du tort aujourd'hui. Pourtant, derrière toute situation vécue se cache un cadeau. Il vous faut vous ouvrir à cette possibilité pour vous offrir le privilège de le découvrir.

Si vous avez vraiment des blocages, je vous invite à vous tourner vers des coachs, thérapeutes ou des praticiens énergétiques en lesquels vous avez confiance. Ils vous aideront à libérer certains blocages et nœuds énergétiques en vous. Toutefois, ayez à l'esprit que c'est en vous aimant profondément, quoiqu'il vous arrive ou vous soit arrivé, que vous arriverez à vous libérer complètement. Pardonnez-vous de tout ce pour quoi vous avez pu vous sentir mal, pardonnez aux autres pour leurs mauvaises actions parce qu'ils sont inconscients ou perturbés. Ce qui compte est que vous repreniez en main votre pouvoir personnel. Vous pouvez faire face à toute situation car toute situation est une expérience de vie qui peut vous apprendre beaucoup sur vous-même et vous aider à évoluer. Soyez ouvert à cela. Vous méritez d'être heureux à chaque instant. Vous méritez de vivre dans une énergie débordante et de vivre vos rêves les plus fous. Focalisez-vous sur vous-même. Les solutions pour vous aider à aller mieux sont en vous, non à l'extérieur.

Pour cela, il y a deux clés essentielles que vous devez garder à chaque instant à l'esprit :

- Vous refocaliser sur ce que vous voulez vraiment

- Vous reconnecter avec vous-même et le moment présent

Reprenez conscience de vos véritables désirs et reconnectez-vous avec l'ici et maintenant. Commencez par avoir une vision claire de ce qui ne vous convient plus dans votre vie et ajustez votre focalisation sur ce que vous désirez vraiment. Lorsque vous faites cet exercice, prenez soin à ne pas prendre en compte votre situation financière ou autre. Soyez simplement à l'écoute de votre cœur. Agissez maintenant pour améliorer votre vie dans tous les domaines et l'abondance vous sera servie sur un plateau.

COMMENT SE REMETTRE DANS LA BONNE ENERGIE APRES UN EVENEMENT TRAGIQUE ?

Etre dans la bonne énergie est à la base d'une vie agréable et productive où vous avancez dans vos plus beaux projets chaque jour.

Cette question est en lien direct avec la précédente. Il est probable que votre passé vous empoisonne l'existence aujourd'hui et j'ai souvent des questions liées au deuil. Je vais prendre cet exemple pour illustrer le fait que vous pouvez reprendre le contrôle de votre vie en choisissant consciemment vos croyances.

Cette question va peut-être mettre à mal vos croyances. Je vais vous donner les miennes. Les quelques lignes qui suivent sont un court extrait de mon livre 7 secrets cachés sur la loi de l'attraction pour l'utiliser à votre avantage.

Mon éducation m'a fait comprendre dans ma jeunesse que la mort n'est pas une bonne chose. Jusqu'à l'âge de 20 ans, j'étais persuadé que pour un mort, tout était fini et que ce qu'il restait de lui était les vers rongeant ses restes six pieds sous terre. C'est peut-être votre croyance et le fait de lire cela vous révulse. Eh bien moi aussi. C'est pourquoi j'ai développé une autre croyance à ce sujet en lisant de nombreux livres sur le sujet de la mort et en étudiant les livres écrits par canalisation ou transmission médiumnique. Ceci a développé en moi une autre croyance qui est celle que la mort n'est qu'une étape et que, bien que le corps physique ne soit plus, l'âme continue son chemin.

Je ne vous demande pas de croire à cela si vous n'en éprouvez pas l'envie. Ce que je veux vous montrer, c'est que cette croyance m'a libéré de bien des maux. Je ne vois plus la mort comme une fatalité mais comme une délivrance pour de nombreuses personnes.

Je n'ai pas le désir de vous dire que cette croyance est plus vraie qu'une autre. Je souhaite simplement insister sur le fait que vous pouvez choisir les croyances qui vous font vous sentir bien. Et ceci n'est pas difficile.

Après tout, peu importe que ce que vous pensiez soit vrai. On ne vous demande pas de justifier chacune de vos croyances, et ce en quoi vous croyez vous appartient. Si le fait de croire en Dieu vous aide, alors croyez en Dieu. Si au contraire cette idée vous semble absurde, alors laissez-la de côté mais laissez les autres croire ce qu'ils veulent.

A partir du moment où vous faites en sorte de nourrir des croyances qui vous aident et vous font vous sentir bien, alors vous êtes le maître de votre vie.

Le deuil est un fait qui n'a pas à avoir d'impact sur votre être. Cela peut nous donner un coup émotionnel au moment de la perte d'un être cher. Et ce manque peut perdurer quelques temps. Si ce manque persiste, c'est que vous oubliez le moment présent ou que vos croyances ne vous servent pas.

Chaque chose est à sa place et la mort d'un être cher est également une épreuve qui a pour vocation de nous aider à mieux vivre ce genre de situation. Objectivement, vous devriez vous sentir en paix en toute situation. Je n'ai pas dit heureux mais bien en paix.

Le bonheur et la paix sont 2 sentiments bien différents. Le bonheur exprime un état de joie intense. La paix exprime un état de plénitude. Vous pouvez vous sentir en paix sans être heureux parce que les circonstances du moment ne sont pas propices à la joie.

Vous pouvez toujours tourner une situation du bon côté et en être satisfait. Mais en vivant certaines situations, cela relève parfois d'un véritable challenge.

Ce qu'il vous faut retenir de tout cela, c'est qu'un événement ne devrait jamais vous perturber bien longtemps, quel qu'il soit. Si c'est le cas, c'est que vous oubliez de vivre dans le moment présent et de focaliser sur ce que vous voulez vraiment. Souvenez-vous toujours de ces deux clés qui ont le pouvoir de transformer votre vie pour le meilleur. Vivre une vie pleinement épanouissante n'est pas si compliquée quand on instaure de bonnes habitudes dans sa vie, que l'on s'efforce d'être connecté à soi et à ce que l'on désire vraiment faire, créer et contribuer dans ce monde.

Tout événement a une raison que la raison ignore. Comme nous en avons déjà parlé, nous venons tous avec une certaine mission sur Terre. Il n'y a pas de hasard. Certaines personnes viennent jouer un rôle primordial dans l'évolution du l'humanité. D'autres viennent évoluer personnellement et jouer un rôle beaucoup plus modeste. Tout est juste. Ce qu'il faut retenir, c'est que lorsqu'une personne décède, c'est soit qu'elle a terminé sa mission de vie, soit qu'elle n'a pas su faire face aux challenges qu'elle était venue vivre et qu'elle remet donc tout cela à plus tard. Croyez ou non à tout cela. Cela me paraît personnellement logique, c'est ce que je ressens au fond de moi et c'est la « théorie » la plus équilibrée que j'ai pu aborder parmi toutes mes recherches. Pour vous remettre d'un événement tragique, quel qu'il soit, ne vous attardez pas dessus dans tous les cas. Vous vous devez d'aller de l'avant en toute circonstance malgré les obstacles, pour réaliser votre propre mission de vie. Revenez progressivement à vous-même, au moment présent, et redonnez votre énergie à ce qui a du sens pour vous, à ce que vous êtes venu faire ici.

COMMENT RETROUVER L'EQUILIBRE ALORS QUE J'AI PENSE NEGATIVEMENT TOUTE MA VIE ?

Cette question est bien légitime. Si cela fait des dizaines d'années que vous vous pourrissez l'existence en entretenant des pensées et des émotions poisons destructrices, alors j'imagine que vous devez ressentir une certaine culpabilité à avoir créé tout cela. J'ai été dans ce cas également, comme toute personne qui prend conscience un jour de son pouvoir personnel.

Et j'ai une excellente nouvelle pour vous ! C'est qu'à partir du moment où vous prenez la décision d'inverser la vapeur, et de changer l'axe de focalisation de vos pensées, tout change instantanément.

Vous avez beau avoir pensé négativement tout au long de votre vie, si vous décidez aujourd'hui de changer cela, votre vie (la suite de votre existence) dans son ensemble changera instantanément au niveau énergétique puis physique.

Donc première chose à retenir, c'est que le changement est instantané et ceci est directement à votre avantage.

En revanche, prendre l'habitude de penser positivement en permanence prend du temps, surtout quand on n'est pas du tout habitué à le faire. C'est comme si vous aviez une bulle positive et une bulle négative en vous. Plus la bulle négative est grosse, plus vous allez devoir faire d'efforts pour faire grandir la bulle positive pour qu'elle devienne plus grande que la bulle positive.

J'adore parler de l'échelle de guidance émotionnelle, cet outil qui permet de comprendre comment grimper pas à pas vers les plus belles émotions. Pour résumer simplement ce concept, l'idée est que vous ne pouvez pas passer de la dépression à la joie ultime en un seul instant, mais vous pouvez le faire progressivement. Il se peut qu'à partir du moment où vous décidez de changer, vous connaissiez des éclairs de lucidité et de joie intense mais avant de pouvoir faire perdurer cela dans le moment présent, vous allez devoir ancrer de vraies bonnes habitudes qui vous permettront de faire grandir cette bulle positive jusqu'à ce que votre bulle négative devienne ridiculement petite en comparaison.

Pour être clair sur ce sujet, vous avez beau avoir été négatif toute votre vie, cela importe peu car il n'est jamais trop tard pour trouver une route qui vous donne la bonne direction. L'important est ce que vous décidez de faire de votre vie ici et maintenant. A partir du moment où vous changez votre focus, tout change pour vous. De nouvelles opportunités viennent à vous et certaines choses qui vous étaient invisibles auparavant apparaissent sous vos yeux comme par magie. La raison à cela est que votre cerveau est désormais branché sur ces fréquences.

Encore une fois, le changement pour devenir un maître de vos pensées et de vos vibrations peut prendre du temps mais ce qui compte est d'être dans cette démarche proactive qui vous mènera de façon sûre vers un chemin plus serein et plus propice au succès.

Vous pouvez faire ce changement en un claquement de doigt, en une prise de conscience. Vous êtes sur le chemin de la libération, souvenez-vous en à chaque instant. Appréciez le parcours et donnez le meilleur de vous-même. Ceci vous mènera progressivement à un état d'esprit toujours tourné vers le positif et ce que vous voulez vraiment.

Bien évidemment, en ayant pensé négativement toute votre vie, vous avez créé de solides connexions neuronales que l'on appelle communément autoroutes neuronales. Ce sont des chemins automatiques pour vos neurones et vous pensez naturellement négativement aujourd'hui à cause de cela. Le but du jeu est de créer de nouveaux chemins qui viendront remplacer les précédents. Une autoroute qui n'est pas emprunté et pas entretenue se verra envahie par les mauvaises herbes. Prenez ceci au mot et créez de nouvelles belles autoroutes neuronales dédiées à votre succès et à votre bonheur !

COMMENT NE PLUS PROCRASTINER ET AVANCER DANS SES PROJETS ?

Voilà une question que beaucoup de personnes se posent quand il s'agit d'avancer sur ses projets.

Pour atteindre nos objectifs, nous devons parfois avancer sur des sujets qui nous font moins vibrer mais qui sont nécessaires. Et pour cela, on doit savoir garder le cap en pensant à la destination plutôt qu'à la tâche barbante qui nous attend.

Je vais vous donner plusieurs clés ici pour ne plus procrastiner dans votre vie, c'est-à-dire ne plus remettre à demain ce qui pourrait être fait aujourd'hui. En réalité, il se peut que vous procrastiniez toujours mais vous allez tout de même pouvoir avancer quoiqu'il arrive. N'est-ce pas là votre souhait le plus cher ? Vous vous sentirez tout de suite bien dans votre vie en sachant que vous avancez vers vos objectifs et que vous ne procrastinez plus ou beaucoup moins.

Voilà donc mon astuce secrète qui vous permettra d'avancer quoiqu'il arrive.

A partir d'aujourd'hui et chaque jour jusqu'à la fin de votre vie, je vous demande de ne jamais aller vous coucher le soir sans avoir avancé sur les projets qui vous tiennent à cœur. Que ce soit une phrase écrite, une idée, un email répondu ou quoique ce soit, avancez ! Je vous invite à instaurer cette habitude le matin après votre petit déjeuner par exemple et avant de faire quoi que ce soit d'autre. Votre première action productive devrait être sur vos projets personnels. Ne partez pas au travail ou ne vous atteler pas à des activités diverses et variées sans avoir avancé au préalable sur vos projets. Ceci est terriblement puissant ! Vous ne culpabiliserez plus pendant la journée de ne pas avoir avancé puisque le premier pas que vous faites désormais chaque jour est de travailler pour vous ! Lorsque j'étais encore en études, j'avais pris l'habitude de me lever une heure plus tôt chaque matin pour avancer sur mes projets. Et c'était extraordinaire de voir comme je pouvais avancer sur cette période de temps.

Ceci est une première astuce qui a le mérite de vous alléger l'esprit et de vous faire avancer chaque jour. C'est pour moi une pépite que je mets un point d'honneur à respecter au quotidien.

Ensuite, je vais vous donner d'autres techniques que nous avons vues précédemment et qui vous permettront d'avancer en toute circonstance.

Lorsque vous vous attelez à une tâche qui ne vous plaît pas, prenez du recul. Être à fond sur cette tâche peut littéralement ruiner votre énergie pour une bonne période. Ce que je vous invite à faire, c'est de voir la destination, c'est à dire l'objectif que vous visez. Par exemple, vous devez contacter de nombreux partenaires, mais cela peut vous faire peur et par conséquent, vous allez remettre à plus tard. Efforcez-vous de voir les résultats et les impacts potentiels de ces actions. Voyez-vous une fois cette tâche effectuée, l'ayant réussi avec brio et pouvant désormais travailler avec de nombreux partenaires qui seront un tremplin pour votre réussite.

Ce processus de mise en situation est magique. Osez vous projeter dans un futur meilleur de façon à vous motiver dans le moment présent. Vous pourriez même trouver un aspect ludique et amusant à faire des tâches qui vous rebutent en vous imaginant les réussir comme un spécialiste en la matière. C'est une méthode très puissante que je vous invite à mettre en place lorsque vous manquez d'énergie pour réaliser des tâches qui vous font procrastiner, quelle qu'en soit la raison.

Ensuite, la technique qui découle directement de la précédente est de se focaliser sur le moment présent. Oubliez le passé, oubliez le futur, et donnez tout ce que vous avez à donner ici et maintenant, quoi que vous ayez à faire. Dans mon livre *Gérer son temps grâce à 3 méthodes, 7 techniques, 27 règles et une histoire frappante*, je vous livre quelques astuces pour appliquer ce conseil à la lettre. Le plus simple et efficace qui ait pu être inventé jusqu'à ce jour est la technique *Pomodoro*. Cela consiste à mettre en route un minuteur sur 20 minutes et à rester focaliser sur une seule tâche pendant cette période de temps. Si vous sentez que vous pouvez continuer, alors relancez un *Pomodoro*. Mais pensez toujours à faire des pauses !

Faire des pauses ! Voilà une troisième clé sur laquelle je suis obligé d'écrire quelques lignes. Il est vital d'écouter son corps à chaque instant. Si votre corps vous dit stop, alors stoppez ! Si vous corps vous dit qu'il a besoin de repos, reposez-vous. Si votre corps a faim, nourrissez-le. Si votre corps a soif, abreuvez-le. Si votre corps a mal, soignez-le. D'une façon générale, si votre corps vous parle, écoutez-le. N'allez pas à contre-courant de ce que vous dit votre corps ou vous le regretterez à un moment ou à un autre.

Enfin, adoptez des habitudes de gagnants. Faites preuve d'autodiscipline tout en travaillant sur votre motivation en focalisant sur ce que vous voulez vraiment. Adopter des habitudes que vous savez bonnes pour vous et pour vos projets. Ce sont de simples décisions à prendre dans votre vie qui peuvent faire toute la différence.

TOME 2

COMMENT VIVRE UNE SEPARATION AMOUREUSE ?

Les questions sur l'amour sont toujours très présentes. Cette question est en lien avec celle sur les événements tragiques. Puisqu'un événement lié à de fortes émotions suscite toujours de vives réactions de notre part. Nous sommes avant tout des êtres humains ayant cette capacité formidable à ressentir des émotions au quotidien.

Si votre mari, votre femme, votre compagne, votre copain vous a quitté, cela peut être difficile à gérer. Ce qu'il faut comprendre par rapport à cela, c'est que ce genre d'événement n'arrive pas pour rien. Si vous connaissez une séparation, c'est qu'énergétiquement, vous n'êtes plus sur les mêmes fréquences. Tout porte à croire que vous allez pouvoir retrouver une personne qui vous convient bien mieux que le précédent ou la précédente.

Je me base également sur ma propre expérience pour vous dire cela. J'ai notamment vécu une relation amoureuse intense qui a fini aussi immédiatement qu'elle avait commencée 5 ans plus tôt. La raison ? Des chemins qui se séparent alors que les sentiments sont toujours là. Ceci est une possibilité dans les relations amoureuses. Tout se passe bien mais chacun est amené à aller sur un chemin différent ce qui peut causer une rupture soudaine et difficile. C'est toujours mieux qu'une séparation qui se passe dans la douleur mais dans tous les cas, il y a un élément clé à retenir pour mieux vivre ce genre de situation.

Cet élément clé est de comprendre que chaque chose est à sa place et que rien n'arrive par hasard. Ainsi, chaque expérience vécue est une opportunité d'apprendre et de grandir pour s'accomplir toujours plus. Une séparation amoureuse est la plupart du temps riche d'enseignements car elle nous met face à une situation difficile à vivre qui mène généralement à une remise en question personnelle. Par conséquent, cela devient une véritable opportunité pour transformer votre vie en ce que vous voulez qu'elle devienne.

D'une façon générale, vous vivrez bien une situation amoureuse si vous acceptez l'idée que cela fait partie de votre chemin et que vous êtes prêt à apprendre de ces situations pour en ressortir grandi. Un des plus grands secrets de la vie est là. C'est celui de comprendre que quoiqu'il arrive, on peut en tirer de petites et de grandes leçons et que dans tous les cas, cela arrive pour nous servir.

Cela signifie qu'une relation amoureuse qui arrive à son terme, prend fin pour une bonne raison. Chacun a certainement tiré le nécessaire de cette relation pour grandir personnellement et vous devez désormais voguer vers de nouveaux horizons. C'est une période qui peut être sentimentalement un peu difficile mais sachez voir de l'avant et remercier la vie pour avoir vécue cette expérience avec cette personne.

Dans tous les cas, ressasser le passé et être nostalgique vous fera piétiner et rendre morose. Vous devez toujours garder en tête de vous sentir bien et pour cela, mettre votre focalisation sur ce que vous voulez vraiment. Si l'idée d'être seul vous paralyse, alors focalisez sur le fait de retrouver une relation belle et saine qui vous comblera à tout point de vue. Mais attention à être bien aligné par rapport à cette demande. Il est généralement difficile de trouver quelqu'un qui nous aime si on ne s'aime pas profondément soi-même. Et lorsque l'on n'arrive pas à se sentir bien en étant seul, c'est généralement le cas. Dans ce cas, un travail sur soi, sur son amour propre, peut faire des miracles très rapidement.

COMMENT ATTIRER L'ETRE AIME, OU LE FAIRE REVENIR ?

C'est une question qui revient souvent. L'amour est au cœur de tout. Mais est-on vraiment dans la vibration de l'amour pour autant ? Beaucoup cherchent à récupérer la personne avec qui ils ont passé une partie de leur vie. Pourtant, est-ce vraiment la meilleure chose à faire ?

Si vous êtes dans ce cas, prenez un moment pour essayer de comprendre pourquoi vous voulez faire revenir l'être aimé. Est-ce parce que vous vous sentez seul ou parce qu'il y a une vraie connexion entre vous ?

Nous faisons tous des erreurs et parfois ces erreurs conduisent à des séparations. Ces dernières peuvent être judicieuses mais elles peuvent être issues de décisions hâtives basées sur l'égo.

Ce qu'il faut comprendre, c'est que nous attirons les personnes qui sont sur les mêmes fréquences que nous. Cependant, avec le temps, il se peut que l'une ou l'autre personne change de vibration et que cette dernière ne colle plus avec celle de l'autre. Ceci est possible et vous séparera peu à peu de votre moitié.

Mais la séparation peut aussi être due au fait que l'autre vous renvoie ce que vous n'acceptez pas chez vous, créant ainsi des conflits entre vous. Ces conflits n'ont pour cause que votre égo qui refuse de se remettre en question et souhaite défendre son bout de gras. Or, ceci est source de souffrance.

C'est pourquoi je vous invite à vous poser la question suivante : souhaitez-vous retrouver votre moitié parce que vous sentez au plus profond de vous que c'est la chose à faire ? Ou alors parce que vous vous sentez seul et que par conséquent vous avez *besoin* de quelqu'un dans votre vie ?

Dans tous les cas, pour que toute relation soit heureuse, vous devez avant tout construire une solide relation avec vous-même. C'est en vous aimant pleinement, en étant pleinement vous-même, en acceptant tout ce qui fait de vous qui vous êtes, que vous allez pouvoir attirer de merveilleuses personnes avec lesquelles vous vous sentirez bien dans votre existence.

La question initiale était « *comment faire revenir l'être aimé ?* ». Le prérequis est donc d'être déjà au clair si c'est vraiment ce que l'on veut ou si ce désir est issu de l'égo et ne contribuera donc pas à votre bien-être sur le long terme.

Ensuite, pour faire revenir l'être aimé, c'est une question difficile car, comme je l'ai déjà souligné, vous ne pouvez pas forcer une autre personne à agir selon vos souhaits. Vous ne pouvez que l'influencer. La technique consiste donc à vous focaliser sur une magnifique relation avec cette personne, à vous sentir bien à cette idée et à y penser le plus souvent possible avec de puissantes émotions.

Toutefois je ne vous le recommande pas. Cela ne vous causera aucun tort de le faire si ce n'est que la réussite n'est pas assurée car elle ne dépend pas que de vous.

Ce vers quoi je vous incite à aller est de focaliser sur une magnifique relation avec une personne lambda, qui vous est inconnue et hors de votre champ de vision consciente. Profitez-en pour vous visualiser pleinement satisfait de qui vous êtes, vous aimant profondément et sur tous les critères que vous jugez indispensable pour une relation des plus délicieuses. Ainsi, vous tendrez vers ce schéma de vie que vous souhaitez. Et si c'est la même personne qui revient dans votre vie, c'est qu'il devait en être ainsi.

Souvenez-vous que c'est comme vous vous sentez ici et maintenant qui déterminera ce qui va se matérialiser dans votre vie. A partir du moment où vous vous sentez moins bien en pensant à ce que vous voulez, c'est que vous n'êtes plus aligné et que vous faites obstacle à la matérialisation de vos désirs.

DOIT-ON SE SENTIR EXTREMEMENT ATTIRANT POUR ATTIRER D'AUTRES PERSONNES ?

Voilà une question en lien direct avec la précédente. Nous pouvons attirer des personnes pour tout type de dessein. Nous pouvons en parler particulièrement pour la séduction, un domaine qui a une ampleur immense dans nos sociétés. La plupart des gens cherchent à être attirants, à plaire aux autres et surtout aux personnes qu'elles souhaitent attirer pour construire une relation amoureuse.

Mais alors pour attirer à soi une personne en particulier, doit-on personnellement se sentir attirant ? Comment faire si l'on n'a pas un physique avantageux qui ferait que l'on se sentirait naturellement confiant dans notre facteur d'attractivité, si on peut l'appeler de cette façon ?

C'est une question que l'on m'a posée récemment : comment attirer une personne si je ne me sens pas personnellement attirant ? Ma réponse est simple : difficilement. Comment voulez-vous attirer quelque chose si vous ne voyez pas en vous la possibilité de l'obtenir ? Que ce soit une personne ou une situation que vous souhaitez attirer, vous devez sentir que vous avez la capacité d'attirer ces éléments-là dans votre vie.

Peu importe que vous soyez beau, laid, grand, petit, gros, maigre, ce ne sont pas ces attributs qui font la différence. Au premier abord, quelques bons atouts physiques peuvent aider. Mais si vous avez bâti une belle confiance en vous et que vous avez foi en votre pouvoir d'attirer à vous les personnes et les circonstances bénéfiques à l'obtention de ce que vous désirez, vous y arriverez naturellement. Cela ne signifie pas qu'il n'y aura pas d'obstacle mais que vous pourrez avancer quoiqu'il arrive et vous atteindrez de façon certaine ce que vous convoitez.

Cela me fait penser à une histoire que j'ai entendue récemment où une personne cherchait un coach en séduction et deux personnes se sont présentées à lui, le premier était très beau gosse, et le second plutôt très quelconque. A votre avis, quel coach faut-il choisir ? Celui qui a déjà des attributs physiques appropriés à la situation ou celui qui part de plus loin ? Il peut être plus pertinent de choisir une personne qui n'est pas spécialement belle à la base car cela démontre probablement que ses talents de séduction sont immenses.

Tout est une question d'énergie dans la vie. Énergie signifie également vibration. Ou encore que les vibrations que vous émettez vont déterminer les situations que vous allez vivre dans votre vie. En d'autres termes, ce sont vos croyances qui vont faire la différence. Vous pouvez être beau et ne pas vous sentir attirant du tout, tout comme vous pouvez ne pas l'être et vous sentir extrêmement attirant. Ces croyances-là sont ce qui fait la différence. Plus vous êtes conscient du pouvoir que vous avez et plus vous pouvez potentialiser vos résultats.

Que ce soient des personnes ou des améliorations de tout type que vous souhaitez attirer et obtenir, c'est avant tout votre attitude qui va déterminer votre taux de réussite. D'où l'importance de se construire un état d'esprit correct, tourné vers la réussite, la confiance, le bonheur et la sérénité. Plus vous aurez un mental de gagnant, et plus la vie vous donnera facilement ce que vous réclamez puisque vous serez capable de tout surmonter. Vous aurez ainsi cette confiance naturelle qui se dégagera de vous et inspirera les autres.

Donc quel que soit le domaine dont on parle, vous devez vous sentir attirant. Vous devez savoir que vous pouvez attirer tout ce que vous désirez à condition d'être en alignement avec qui vous êtes.

COMMENT MANIFESTER L'ABONDANCE DANS SA VIE ?

L'abondance est un sujet très vaste. Pourtant, la plupart des personnes n'en ont qu'une vision très limitée. En effet, l'abondance ne se conçoit souvent qu'en matière de finance. Et vous allez comprendre que ce comportement est justement contre-productif vis à vis de l'enrichissement personnel.

En réalité, l'abondance s'exprime au niveau de l'être, du faire et de l'avoir, et dans cet ordre précis. En vous sentant illimité et abondant, vos actions seront en adéquation avec qui vous êtes et ce que vous obtiendrez y sera directement relié.

Une de mes chansons préférées est celle de Blacko où il dit « *I'm not rich, but I live like a millionaire…* ». Cette idée exprime pleinement celle de l'abondance de l'être.

Quand vous vous sentez abondant, votre vie s'illumine chaque jour. Vous sentez que vous pouvez faire et obtenir tout ce que vous voulez. Ceci est un état d'esprit avant tout.

J'apprécie particulièrement la série « Nu et culotté » où deux jeunes partent à l'aventure à poil sans un centime en poche pour une destination lointaine et un objectif souvent farfelu. Ils arrivent à obtenir tout ce qu'ils veulent avec de la persévérance. Cela ne signifie pas que tout se déroule sans accroche, au contraire, mais qu'ils savent que tout est possible s'ils s'en donnent les moyens. Ils sont parvenus à faire du stop en avion, à traverser des mers, à manger à leur faim, à vivre avec d'autres personnes, tout ceci simplement en étant eux-mêmes et en vivant chaque instant à fond.

Quand je vois également comment les événements de ma vie s'enchaînent de façon spectaculaire en appliquant les principes de la loi de l'attraction, je peux voir l'abondance se manifester à chaque instant. Et vous pouvez faire de même.

Ceci est avant tout un état d'esprit. Lorsque vous pensez abondance, tout ce dont vous avez besoin arrive dans votre vie naturellement. Donc nul besoin d'avoir cette abondance financière pour pouvoir vivre des expériences de tout type.

Toutefois, je peux comprendre que vous souhaitiez gagner une certaine somme d'argent régulièrement pour vous donner cette confiance qui vous dicte que vous pouvez obtenir ce que vous voulez grâce à cet argent. Ayez toutefois à l'esprit que vous n'en avez pas besoin. Je lance personnellement des projets qui me demandent souvent plus d'argent que ce que je n'en possède, et l'argent arrive toujours par un biais quelconque.

Je tiens à vous donner un exemple qui m'est arrivé récemment. Je me suis retrouvé dans une situation où j'étais en voyage avec plus un sous en poche. J'ai alors envoyé une intention puissante le matin en sortant de la maison d'hôtes en disant « L'argent va arriver dans ma vie maintenant ! ». Je prenais l'avion quelques heures plus tard et dans la file d'attente, les hôtesses viennent à ma rencontre pour me dire que l'avion est en surréservation et qu'on me propose une belle somme de compensation pour ne pas le prendre avec un nouveau vol 2 jours plus tard avec tous les frais payés entre temps. Comment voulez-vous avoir conscience de ce genre de scénario ? On peut toujours essayer de penser logiquement à tout ce qui peut arriver mais la vie nous réserve toujours de multiples surprises. Vous ne pouvez savoir ce que vous allez vivre à l'avance. Vous pouvez seulement tendre vers une certaine destination et laisser la vie décider par quel chemin vous allez passer.

La formule que j'ai utilisée pour récolter un peu d'argent ce jour-là, vous pouvez l'utiliser chaque jour, chaque mois, à chaque instant. Elle est simple. Et pourtant terriblement puissante.

Il vous est demandé de formuler une intention puissante, qui vous parle personnellement, et qui ne met aucun doute sur le fait que cette dernière va se matérialiser physiquement dans votre vie.

Quand vous savez que tout est énergie et que les vibrations que vous envoyez dans l'univers vous sont retransmises sous différentes formes par la suite, alors vous comprenez que vous pouvez tout créer. A partir de ce constat, la sécurité est une illusion qui prend racine uniquement dans l'égo. Il vous suffit de vibrer ce que vous voulez pour l'obtenir.

Cette formulation doit être personnelle et représenter précisément ce que vous voulez, non ce que ne vous le voulez pas ! Et vous n'avez pas besoin d'y penser en permanence. La clef essentielle est l'association d'une intention puissante associée à un lâcher-prise. Vous n'avez ensuite plus qu'à laisser naturellement l'univers vous apporter ce dont vous avez besoin.

J'ai personnellement suffisamment expérimenté cette technique dans ma vie pour vous dire qu'elle fonctionne véritablement. On dit souvent par raccourci que l'on attire ce à quoi l'on pense le plus souvent. C'est vrai ! Toutefois, on peut faire face à un problème de taille : celui de faire une fixation sur le fait que vous n'avez pas encore ce que vous voulez. Autrement dit, cela vous montre en permanence ce dont vous manquez.

Ici, une simple mais puissante et ferme intention de ce que vous voulez vraiment suffit à envoyer votre message et votre demande. La réponse viendra naturellement si vous laissez faire tranquillement les choses. Je vous laisse essayer ceci dans votre vie avec engagement et patience et je suis convaincu que vous obtiendrez des résultats que vous ne soupçonniez pas avant votre formulation. Un ami m'a d'ailleurs partagé la même expérience pour trouver son âme sœur. Avec une intention puissante, qui venait vraiment de ses tripes, il se sont rencontrés deux jours plus tard. Encore plus étonnant, ils ne leur fallu que quelques jours de plus pour emménager ensemble ! Il n'en revenait pas lui-même.

Soyez simplement détacher des résultats. Vous n'avez jamais à vous faire du souci pour quoi que ce soit. J'ai appris à me détacher de l'argent, je ne m'en soucis plus et je n'en manque jamais. Peu importe le montant que j'ai sur mon compte en banque. Je peux avoir dix mille euro ou seulement cinquante, cela revient au même, j'arrive toujours à avoir ce dont j'ai besoin pour continuer à avancer et être moi-même. Soyez dans cette attitude d'abondance, de ne manquer de rien et d'être confiant vis-à-vis de tout ce qui vous arrive et vous verrez des résultats incroyables dans votre vie. Je tiens à préciser que ces résultats s'illustreront avant tout dans votre bien-être et votre équilibre personnel de vie.

LA LOI DE L'ATTRACTION FONCTIONNE-T-ELLE AVEC DES OBJECTIFS EGOÏSTES ?

Voilà une question qui m'intrigue encore aujourd'hui. Nous sommes beaucoup à prendre conscience que nous ne sommes pas une somme d'individualités qui forment une communauté mais que cette communauté, ce monde dans lequel on vit, cet univers et cette Terre qui nous accueillent, ne sont en fait qu'une seule et même chose. Nous ne sommes pas une unité parmi l'infini mais nous sommes l'infini. Nous sommes cette partie du tout. Nous sommes tous la même chose. Nous sommes tous reliés. Nous sommes tous connectés. Nous ne sommes pas seuls. La solitude est une illusion totale. Je vous invite à vous rapprocher des travaux de Nassim Haramein et sa théorie du champ unifié si vous souhaitez en savoir plus. Vous trouverez un lien vers une de ses conférences à la fin du livre.

Ceci étant dit, un objectif égoïste est absurde. Car rien ne vous concernera jamais uniquement vous-même. Vos souhaits impacteront toujours bien des personnes, bien des éléments autour de vous.

Toutefois, il existe bien sûr des objectifs qui sont bien plus égoïstes que d'autres. Vouloir obtenir un meilleur salaire à tout prix et vouloir contribuer à des projets pour aider les autres sont deux objectifs bien différents. L'un est axé sur votre propre personne et l'autre sur les autres.

Avant d'aller plus loin, sachez que l'un n'est pas meilleur que l'autre. Peu importe que vous contribuiez au monde ou à votre propre personne. C'est libre à vous et il n'y a aucune obligation.

La seule obligation que vous avez est de vous sentir bien ici et maintenant, et je pense que ceci devrait être un pacte que l'on signe avec la Vie dès la naissance, avec un certificat d'authenticité à garder sur soi toute sa vie ! Lorsque vous vous sentez vraiment bien ici et maintenant, vous contribuez naturellement de la meilleure des façons au monde qui vous entoure. Ceci vous paraît peut-être simpliste mais rien de plu n'est nécessaire. Car lorsque vous vous sentez bien, vous faites profiter de vos belles énergies à toutes les personnes et choses qui vous entourent. Et vous faites honneur à la vie qui vous a été donnée.

Certaines personnes sont naturellement faites pour aider les autres, d'autres pour s'exprimer dans l'art comme la musique, la peinture ou la cuisine, d'autres sont des leaders, des managers, d'autres des connecteurs, d'autres encore vous s'exprimer dans le sport, les finances, les relations, la justice, l'éducation et tant d'autres domaines.

Peu importe la voie que vous empruntez et celle qui vous semble la meilleure pour vous. Tout ce qui compte est que vous vous sentiez bien ici et maintenant. Et ceci n'a rien d'égoïste.

Beaucoup de personnes exercent une activité professionnelle en oubliant ce principe du « moment présent ». De nombreuses personnes sont ainsi Plus les personnes oublient de vivre leur ici et maintenant, pus elles deviennent aigries à longueur de journée. Ceci influence directement les autres de façon négative, poussant même certains à adopter cette même attitude.

Quand vous faites cela, c'est comme si vous rompiez le pacte que vous avez signé avec la Vie. C'est comme si vous crachiez sur le plus beau des cadeaux. C'est comme si vous refusiez de vivre une vie de joie au profit d'une vie qui ne vous ressemble pas.

Quel diable vous pousse à faire cela ? Au risque de me répéter, tout ce qui compte est que vous vous sentiez bien ici et maintenant. Car ce sentiment sera le signe que vous êtes sur la bonne voie, que vous êtes au bon endroit au bon moment pour faire ce que vous aimez et pour contribuer de la meilleure des façons au monde.

Vous n'êtes pas ici par hasard. Vous n'êtes pas venu vous battre pour manger et payer vos factures chaque mois. Votre vie a un but et ce dernier commence par vous sentir bien avec vous-même et avec ce que vous faites. La conséquence est votre pleine expression dans le monde pour qui vous êtes vraiment.

Ainsi, vous n'avez plus à vous poser cette question d'égo ou d'être. Vous êtes vous-même, tout simplement, et vivez la vie que vous êtes venu vivre. Votre contribution pour le monde peut être petite ou immense, peu importe. Elle peut être à l'échelle de votre famille, locale ou internationale, cela importe peu. Tout ce qui compte est que vous apportiez votre pierre à l'édifice en participant à l'effort global de construire un monde meilleur. Et ceci ne peut se faire que si chaque individu prend conscience que ce qui compte est de s'occuper de soi avant toute chose.

Pour mettre en pratique tout cela, demandez-vous simplement si vos actions sont faites avec le cœur ou avec l'égo. Est-ce que vous vivez dans la confiance et le sentiment d'abondance ou celui de peur et de manque ? Prônez-vous l'amour de soi et des autres ou vous mettez-vous en colère souvent ? Soyez simplement vous-même au quotidien. Votre égo essaie de vous emmener sur certaines voies qui ne sont pas faites pour vous, qui répondent à des besoins illusoires, induits par la société. Seul votre être profond et votre cœur savent pertinemment ce dont vous avez besoin et ce que vous désirez vraiment faire aujourd'hui.

MIEUX VAUT-IL DEVOILER SES PROJETS OU AU CONTRAIRE RESTER CACHE ?

Nous vivons dans un monde où la compétition semble régner en maître. Pourtant, les personnes qui tirent le mieux leur épingle du jeu semblent être celles qui tirent de la compétition une véritable force. Les concurrents sont de plus en plus considérés comme des partenaires, et ceux qui refusent cette idée la subissent de plein fouet.

Est-ce pour autant que l'on doit révéler aux autres tout ce que l'on fait, au risque de se faire voler nos idées et que les autres s'en servent contre nous-mêmes parfois ? Peut-être. Peut-être pas.

Je pense fondamentalement que plus notre société évolue et augmente en conscience, plus il devient difficile de mentir ou même de cacher certaines choses. La transparence devient une évidence à partir du moment où l'on prend conscience de notre pouvoir créateur.

On pense parfois à tort que le gâteau de la vie est limité et qu'il faut se servir rapidement et le plus possible pour pouvoir se nourrir. Or, le gâteau n'est pas limité. Il est infini et chacun peut se servir abondamment et lorsqu'il le souhaite. Cela signifie tout simplement qu'il n'y a aucune limite à ce que vous pouvez faire et obtenir dans la vie.

Ainsi, à quoi bon cacher ce que vous voulez vraiment faire ? Lorsque vous avez une idée, vous pouvez généralement en parler autour de vous sans risque. Mais comme toujours, vous devez vous sentir en phase avec cette idée et l'envie de la communiquer.

Etre transparent est la logique d'un monde moderne qui fonctionne dans un système de cocréation. C'est cette voie qui mènera l'humanité à la construction d'un monde bénéfique pour chacun à tout point de vue. Et ceci doit commencer par ceux qui en ont conscience.

Personnellement, il m'était difficile à une époque de parler de mes projets, d'exprimer mes véritables intentions et ce que je pensais, de parler de moi-même. Aujourd'hui, je préfère être moi-même et être critiqué (ce qui est d'ailleurs rapidement le cas quand on s'expose puisqu'on ne peut jamais plaire à tout le monde) plutôt que de ne pas assumer ce que je fais, en jouant à faire l'anguille dans ma vie.

De quel côté êtes-vous ? Faites-vous partie des personnes qui s'ouvrent au monde et aux autres en toute transparence ? Ou de celles et ceux qui cachent leurs véritables intentions ?

Je ne vous dis pas d'être entièrement transparent avec tout le monde. Il y a des personnes qui vous dévaloriseront et casseront les projets dont vous parlerez. Tout dépend aussi de votre niveau de confiance et des personnes que vous avez en face de vous.

Pendant plusieurs années, j'ai avancé en secret sur certains projets qui me tenaient à cœur car je ne recevais pas le soutien que j'espérais. Mes idées ne ressemblaient pas à ce que l'on entend habituellement et à ce que mon entourage attendait de moi. Mais il est venu un temps où j'ai préféré assumer pleinement qui je suis et ce que je fais, même si ça ne plaît pas à tout le monde.

Les personnes qui ne vous comprennent pas et vous mettent des bâtons dans les roues sortiront naturellement de votre vie. Elles ont pu vous apporter plein de bonnes choses par le passé. Cependant, certains chemins viennent à se séparer naturellement. En fonction de votre évolution personnelle, certains liens se défont et de nouveaux se créent. Dans tous les cas, il ne faut pas redouter ces changements qui sont certainement nécessaires.

Pour résumer la réponse à cette question qui est loin d'être évidente, j'aimerais vous inviter à vous investir à fond dans ce qui vous anime dans votre vie. Mais si vous le faites, assumez-le à cent pour cent. Soyez maître de qui vous êtes, de ce que vous dites et de la direction que vous donnez à votre vie. Nul n'a le droit de décider pour vous. Certaines personnes vous influenceront mais vous seul décidez de ce que vous faites à chaque seconde. Soyez transparent seulement avec les personnes qui veulent vraiment votre bien et soyez suffisamment alerte pour détecter celles et ceux qui projettent leurs propres peurs sur vous et vos projets.

Vous pouvez tout. Soyez vous-même. N'ayez jamais peur de manquer car vous aurez autant de gâteau que vous le souhaitez.

Si vous êtes encore trop timide vis-à-vis de vos projets, alors avancez en secret pendant un temps et révélez votre pleine puissance par la suite. C'est la stratégie de l'anguille dont j'ai parlé très brièvement plus tôt. Si vous savez être sur la bonne voie mais que vous n'avez pas encore la confiance nécessaire pour en parler ouvertement, avancez par vous-même dans votre coin. Faites grandir vos idées, commencez à agir seul et à faire vos propres expériences. Peu à peu, vous prendrez confiance et sortirez de votre coquille.

Tout arrive à point. Ne forcez pas les choses si c'est à contre cœur. Suivez votre intuition et faites toujours les choses en vous sentant bien ici et maintenant. L'idéal est d'être transparent mais vous ne pouvez l'être que lorsque vous êtes pleinement aligné et avec la volonté ferme d'avancer dans votre voie quoiqu'il arrive et quoiqu'on vous dise.

# COMMENT FAIRE FACE A UN ENVIRONNEMENT OU UN ENTOURAGE, NEGATIF ?

Cette question est en lien direct avec la précédente. Il y a certaines personnes avec lesquelles il n'est pas bon de partager vos idées. Et il se peut que vous viviez dans un environnement très néfaste pour développer vos projets.

Toutefois, ayez toujours à l'esprit que chaque chose est à sa place. Si vous vivez dans tel environnement, c'est que ce dernier est là pour vous nourrir personnellement. Vous pouvez en tirer des bénéfices et la force d'être toujours plus vous-même.

Mais dans certaines situations, il peut être pertinent d'adopter certaines stratégies garantir la préservation de vos projets et de votre propre personne par la même occasion.

Face à un environnement ou un entourage néfaste, vous pouvez adopter trois techniques différentes pour continuer à avancer en toute situation

Premièrement, c'est d'avoir un rêve tellement grand et d'agir pour une cause qui vous motive plus que tout. Alors rien ni personne ne pourra jamais vous arrêter. Rien de ce que les autres pourront vous dire ne vous affectera. C'est un point très important. Plus vous développez votre vision et votre désir de réaliser de grandes choses qui vous parlent vraiment et moins votre environnement aura d'impact négatif sur vous.

Une autre technique consiste à avoir un fort égo, notion que je traite dans mon livre *7 secrets cachés sur la loi de l'attraction*. Avoir un fort égo est synonyme d'une forte personnalité. Vous vous servez ici de votre égo à votre avantage pour vous affirmer pleinement. Votre mental est donc au service de votre cœur. Cela vous permet de rester ouvert à ce que les autres peuvent dire mais ne jamais les laisser briser vos rêves ! C'est ce qui vous mène à vous affirmer et à taper du poing sur la table si cela s'impose. Personne ne peut vous arrêter parce que vous incarnez pleinement qui vous êtes et ce que vous faites. Dans ce cas-là, il vous faut déjà avoir une forte confiance en vous pour oser vous affirmer en toute circonstance.

Enfin, une dernière technique consiste à être hypocrite et, par définition, à dissimuler vos intentions véritables aux autres dans certaines situations. Ceci peut complètement jouer à votre avantage. J'ai utilisé cette technique pendant un certain temps lorsque je lançais mes projets et cela m'a beaucoup aidé.

Aujourd'hui, je n'hésite plus à m'affirmer pour qui je suis et ce pour quoi je milite. Mais en fonction de notre état d'être, on se sentira plus à l'aise avec l'une ou l'autre de ces techniques.

Avec ces ingrédients, vous pouvez avancer dans vos projets en toute situation et quel que soit votre environnement, et c'est tout ce qui compte. La vie est action. Vous vous devez d'honorer la raison pour laquelle vous êtes ici qui consiste à agir pour ce qui vous anime. Agissez chaque jour en direction de ce que vous voulez vraiment grâce à l'une de ces trois techniques et votre environnement direct aura beaucoup moins d'impact sur vous. Dans tous les cas, prenez la méthode qui vous fait vous sentir le mieux dans vos projets. Si en parler vous procure du bien-être, alors parlez-en. Mais faites toujours attention aux briseurs de rêves qui vont vous mettre en garde face à leurs propres peurs qui pourraient devenir les vôtres si vous y accordez trop de crédit. Soyez sage. Ecoutez votre cœur et avancez sereinement.

COMMENT VAINCRE LA PEUR DE MANQUER D'ARGENT AINSI QUE D'EN GAGNER TROP ?

Je vais commencer par la notion de gagner trop d'argent. Certains seront surpris de cette question mais elle revient régulièrement. Avoir beaucoup d'argent implique un regard des autres différent et peut-être des responsabilités différentes. Nous avons pour la plupart été éduqué à être sage et à ne pas trop demander. Avoir beaucoup d'argent nous fait naturellement sortir du moule et devenir différent de la plupart des gens. Cette crainte est donc légitime. Et elle se traite facilement !

Premièrement, l'argent, comme toute chose dans l'univers, est de l'énergie. Et cette énergie a besoin de circuler. Si vous lui mettez un gros panneau stop en travers de son chemin, elle n'ira pas plus loin et vous garderez donc l'argent éloigné de vous.

La notion que vous devez intégrer ici, c'est que l'argent n'est qu'un moyen d'avoir ou de faire ce que vous voulez vraiment. Il est un véhicule servant vos propres ambitions au service de la vie. C'est une ressource illimitée.

Si vous saviez combien de messages je reçois de personnes me disant que ce que je fais devrait être gratuit. Tout travail mérite simplement rémunération, quel que soit le domaine. Notre éducation financière est très proche du néant dans notre monde. Aujourd'hui, de nouvelles portes s'ouvrent sur ces domaines et nous permettent de développer une conscience d'abondance magnifique. Si vous pensez que certaines choses vous sont dues, alors osez demander gentiment sans critiquer qui que ce soit. Car ce sera là vous mettre dans un état de frustration qui vous attirera plus de frustration dans votre vie. Notre système monétaire est basé sur l'argent. Si l'on veut pouvoir faire tout ce que l'on souhaite faire, il nous en faut.

Il est important de savoir jouer avec nos propres règles dans le jeu de la vie, mais certaines règles sont aussi dictées par la société. C'est à nous de nous adapter et d'en profiter. Lorsque vous prenez conscience que l'argent est simplement de l'énergie qui doit circuler, alors tout devient plus facile. Vous obtenez toujours l'argent dont vous avez vraiment besoin pour faire, découvrir, ou obtenir ce que vous voulez vraiment. La loi de l'attraction vous permettra toujours d'obtenir ce qui vous est nécessaire.

D'où l'intérêt de se connaître soi-même et d'être aligné avec qui l'on est vraiment. Ainsi, on peut comprendre quels sont nos véritables désirs et les satisfaire naturellement.

Concernant le manque d'argent, c'est exactement le même principe. Les personnes qui manquent d'argent sont programmées à en manquer. Et la vie leur rappelle régulièrement qu'elles n'en possèdent pas assez pour faire ce qu'elles souhaitent. Elles se retrouvent ainsi à se plaindre et à se limiter. Vous retrouvez-vous dans ce schéma ? Dans tous les cas, la vie vous donne le montant exact dont vous avez besoin pour évoluer. Et évoluer dans ce domaine peut simplement signifier de changer vos croyances et de vous ouvrir à l'abondance.

Il faut bien distinguer les désirs qui viennent de l'égo et ceux qui viennent du cœur. Seuls ces derniers sont alignés avec qui vous êtes. La vie ne vous donnera pas l'argent dont vous n'avez pas besoin. Elle vous donnera toujours ce qui vous ressemble, ce que vous vibrez.

D'une façon générale, ce que vous voulez vous veut ! Mais attention, nous parlons bien de désirs qui sont alignés avec votre être.

Retenez que l'argent n'est qu'énergie. Si vous avez besoin d'argent pour faire quelque chose qui vous tient vraiment à cœur, alors vous l'obtiendrez. Evidemment, il existe d'autre possibilité d'obtenir ce que vous voulez que par l'argent qui est généralement demandé comme monnaie d'échange. En étant aligné avec ce que vous voulez vraiment et en exprimant clairement vos désirs, vous pouvez aussi tout obtenir sans argent. La vie regorge de possibilités infinies vous permattant d'être, d'avoir et de faire tout ce que vous voulez. Même sans un sous en poche. Vous pourriez gagner à une tombola, vous faire offrir ce que vous souhaitez, tomber par hasard sur ce que vous cherchez, etc. Et je vous ramène à la série « *Nu et culloté* » que j'adore et qui peut vous ouvrir l'esprit sur ces choses-là.

Soyez ouvert à tout cela et entreprenant. La vie est là pour vous faire exprimer la meilleure version de vous-même. L'argent n'est pas un frein, il est un outil pour votre propre épanouissement. Prenez-en conscience et jouissez de la vie !

COMMENT LACHER-PRISE DANS SES OBJECTIFS ET FACE A LA CRUAUTE DU MONDE ?

Toute personne engagée sur la voie du mieux-être en arrive à cette question au bout d'un certain temps : « Pourquoi le monde est-il aussi cruel ? ».

C'est bien vrai, il n'y a qu'à regarder la télé pour voir à quel point le monde ne tourne pas rond.

Et c'est sans compter les gens aigris que l'on croise au quotidien.

Alors vous qui êtes sur cette voie d'amélioration constante, si je puis dire, comment faire pour accepter cela et faire rayonner votre lumière dans ce chaos ambiant ?

Je ne vais pas vous faire l'annonce du siècle si je vous dis que le monde d'aujourd'hui va mal. Pourtant, ces notions de bien et de mal sont bien subjectives. Certains vivent heureux en ce monde, d'autres souffrent. Ce qui est certain, c'est qu'il existe des incohérences et que l'Homme n'a peut-être pas choisi les meilleures voies dans son développement.

Une phrase de Jane Goodall m'a marquée sur ce sujet lorsqu'elle dit : « Si nous sommes l'espèce la plus intelligente à avoir marchée sur cette planète, comment pouvons-nous la détruire ? ».

Entre manipulations, complots et systèmes qui ne profitent qu'à un petit nombre, on comprend bien que l'on pourrait fonctionner bien mieux autrement. Pourtant, le monde de demain a-t-il un meilleur avant-goût ? Chacun a son opinion sur le sujet. Ce qui est certain, c'est que nous sommes de plus en plus à être sur la voie du mieux-être et à nous connecter aux fréquences qui ont le pouvoir de tous nous sauver.

Ces fréquences, ce sont les sentiments les plus nobles que l'on peut exprimer. L'amour, la joie, l'appréciation sont autant de sentiments qui, lorsqu'ils sont exprimés, créent la magie dans notre vie et de celles et ceux qui nous entourent.

Nous avons aujourd'hui trois catégories de personnes sur Terre.

Ceux qui œuvrent pour le mal en quelque sorte. Ils manipulent, ils divisent, ils prônent la violence, ils enragent contre le système, contre les autres, ils divisent et ils sont focalisés sur des sentiments de domination et nombrilisme où le chacun pour soi prime.

Ceux qui sont indifférents, subissent, se disant bien que ça pourrait être mieux mais surtout bien pire. Ils ne se rebiffent pas, attendent que les autres le fassent à leur place. Ils ont une vie plutôt classique, dans le moule, ne se mouillent pas trop, arrivent à construire une petite vie sympa sans plus dans la plupart des cas. Certains tireront mieux leur épingle du jeu que d'autres.

Et il y a ceux qui œuvrent pour le bien. Ces personnes peuvent être pro-actives dans leur démarche en aidant les autres, en créant des entreprises sur les domaines de l'éducation positive ou de la réussite, de l'environnement, de la santé, etc. Elles peuvent également être plus passives en étant simplement connectées à des sentiments élevés, montrant l'exemple, inspirant leur entourage et respirant la joie de vivre. D'une façon générale, ces personnes se sentent bien, sont elles-mêmes, et s'expriment dans quelque chose qui a du sens pour elles.

Nous avons le choix d'entrer dans une de ces catégories. Peut-être qu'aujourd'hui vous œuvrez pour le mal sans même vous en rendre compte. Les pensées de peur et de colère que vous émettez impactent directement le monde qui vous entoure. C'est pourquoi il est d'une importance capitale de prendre soin de ses pensées et des émotions qui y sont associées.

La neutralité est peut-être votre flambeau. Vous attendez alors ce déclencheur qui va vous propulser vers d'autres sphères. La neutralité convient à beaucoup de personnes. Dans la vie, il y a des leaders et des suiveurs et cet équilibre est nécessaire.

Et si vous avez conscience d'être du côté du bien, vous pouvez éprouver une immense satisfaction. Retenez tout de même que chaque chose et chaque personne est à sa place dans la vie. Vous n'êtes pas meilleur parce que vous œuvrez pour le bien. Mais C'est une démarche qui demande souvent du courage dans nos sociétés. Elle est porteuse de résultats magnifiques pour vous et pour l'écosystème qui vous entoure. Donc je tiens à vous féliciter et vous remercier pour cela. Retenez tout de même que chaque chose et chaque personne est à sa place dans la vie et que tout est équilibre et que l'ombre et la lumière s'équilibrent.

Voici le premier message que je voulais faire passer dans cette réponse : le fait que vous pouvez dès maintenant participer activement à un monde meilleur. Et même si vous avez l'impression d'entretenir des pensées néfastes au départ, le changement se fera peu à peu, vous tirant vers le haut. C'est à vous de faire vos propres choix en conscience à présent. Et quels que soient ces derniers, assumez-les pleinement.

Enfin, il est parfois compliqué, en se tenant informé de ce qu'il se passe dans le monde et même parfois simplement dans notre quartier, de se sentir bien face à ce que nous voyons. Entre crises, guerres, catastrophes, compétitions, et j'en passe, difficile de faire la part des choses.

C'est là qu'intervient le lâcher-prise. Etre solidaire, c'est bien, et si vous pouvez aider votre prochain à mieux vivre sa vie, c'est une magnifique chose à faire. Mais on ne peut aider tout le monde. On ne peut prendre la responsabilité de tout ce qui se passe.

Et il y a plus important à comprendre sur le monde et la vie en générale. C'est que chaque chose est à sa place. Cela signifie que toute crise est nécessaire. Certaines personnes en font les frais mais lorsque c'est le cas, c'est que ces personnes en ont quelque chose à tirer pour leur propre développement.

N'avez-vous jamais remarqué que vos plus grandes peines ou vos plus grands échecs vous ont construit et vous ont dotés de grandes forces ? On dit souvent que nos plus grandes peines ou souffrances regorgent de possibilités infinies ou d'un potentiel immense. Tout comme la voie de la réussite est semée d'embûches et de ce que l'on appelle communément des échecs.

Allez demander à n'importe quelle personne qui a accompli quelque chose qui sort de l'ordinaire si elle n'a pas fait face à des obstacles, voire à des échecs cuisants ?

Je me suis personnellement connecté à beaucoup de personnes dans le développement personnel et ces personnes ont tendance à connaître de grandes épreuves puisqu'elles sont prêtes à se challenger. J'ai appris récemment qu'une de mes connaissances était passée de millionnaire à la quasi pauvreté quatre fois au cours de sa vie jusqu'à présent. N'est-ce pas impressionnant ? Cela ne montre-t-il pas que derrière chaque expérience, même néfaste à première vue, se cache un véritable cadeau ? L'univers, à chaque instant, ne fait que répondre de la meilleure façon possible à tous les paramètres qui lui sont donnés. Nous cocréons ce monde dans lequel nous vivons. Ce que nous sommes et faisons a un effet sur la vie des autres également. Le monde change à mesure que les hommes et les femmes changent. Notre monde est ce qu'il est parce que nous l'avons créé de toute pièce. Chacun d'entre nous est responsable de la vie qu'il a créée. C'est trop facile d'accuser les autres. Et c'est trop facile de s'en plaindre. Votre vie est à l'image de ce dont vous avez le plus besoin aujourd'hui pour évoluer.

En ce sens, je vous demande de l'accepter et de lâcher-prise vis-à-vis de vos résistances. Vous méritez de vivre heureux et plein d'énergie. Et ce n'est pas en nourrissant des tensions et en ressentant des émotions de colère, de peur, de frustration, de manque, de jalousie ou que sais-je, que vous allez contribuer à un monde meilleur.

Nous construisons ce monde meilleur ensemble. Nous le co-créons de toute. Ce n'est qu'une question de temps pour que le monde devienne différent et que chacun y trouve sa place. Et cela commence par lâcher nos vieux schémas et nos petites pensées sans aucun intérêt. Nous sommes tous des êtres créateurs immenses et dotés de vrais pouvoirs, notamment celui de créer la vie que l'on souhaite vraiment et de contribuer à un monde qui deviendra toujours meilleur. Mais ce monde qui peut paraître féroce et cruel aujourd'hui pour certains n'est que le reflet de ce que nous avons créé. C'est un fait. Et il nous est nécessaire pour aller plus loin et croître.

Voici une citation tout à fait remarquable de Marc Aurèle : « *Que la force me soit donnée de supporter ce qui ne peut être changé et le courage de changer ce qui peut l'être mais aussi la sagesse de distinguer l'un de l'autre.* ».

Agissez aujourd'hui en appliquant ce dicton. Lâchez prise sur ce que vous ne pouvez contrôler. Agissez envers ce que vous pouvez changer, même à votre petite échelle. Chaque pensée positive entretenue est un pas vers une meilleure humanité. Aujourd'hui, de nombreuses expériences ont été menées pour montrer l'impact des pensées positives. Quand on pense qu'un groupe de quelques centaines personnes pratiquant la méditation a pu réduire le nombre de conflits sur la planète pendant plusieurs jours, on se dit que la porte est ouverte pour construire de très belles choses.

Vivez votre vie avec légèreté, sans prise de tête, avec amour et surtout en donnant le meilleur de vous-même et vous contribuerez largement à la construction d'un monde meilleur.

A PARTIR DE QUEL MOMENT DEVONS-NOUS LACHER-PRISE ET ACCEPTER QUE L'UNIVERS NE NOUS DONNE PAS CE QUE L'ON DESIRE ?

Ha l'attente du résultat... Bien sûr que nous voulons obtenir ce que nous désirons. Mais alors pourquoi la vie semble en décider autrement parfois ? Grand débat. Et je vais vous donner ici des pistes pour accepter cela et inverser la vapeur à votre avantage.

En réalité, lorsque vous exprimez un désir, il n'existe pas seul. Il nait d'un manque que vous connaissez et qui va persister tant que vous n'aurez pas obtenu ce que vous voulez. Et vous êtes obligatoirement fait comme un rat dans ce piège sans pitié tant que vous cherchez à obtenir plus.

Je pense qu'il est très bon de vouloir plus de la vie, de chercher à expérimenter et à obtenir plus. Nous sommes également ici pour croître et vivre des expériences enrichissantes. Donc c'est très bien d'être dans cette attitude de vouloir aller toujours plus loin.

Mais il y a un « mais ». C'est que vous êtes surtout ici pour vivre des expériences en étant connecté à vous-même et à ce qui vous entoure. En somme, être présent ici et maintenant à ce que la vie a à vous offrir.

Et c'est l'erreur que font beaucoup de personnes. Elles vivent dans le futur. Elles vivent dans le monde des désirs. Et elles oublient simplement de vivre. Quand on vit principalement dans le futur et que l'on revient dans le présent, on se rend compte que l'on s'illusionne et que ce que l'on souhaite n'est pas encore dans notre vie. Et cela nous fait nous sentir mal, dans une sensation de manque.

Vous avez le droit d'avoir la tête dans les étoiles, mais si c'est le cas, vous devez aussi avoir les pieds sur terre. C'est cette combinaison qui crée l'alchimie de la réussite.

En termes plus concrets, cela signifie que lorsque vous visez un objectif, un désir, celui-ci doit vous faire vous sentir bien ici et maintenant. Et ceci n'est possible qu'en sachant comment les lois de l'univers fonctionnent. C'est-à-dire que la loi de l'attraction vous apportera précisément et sans aucun doute possible ce pour quoi vous vibrez. Ainsi, en vibrant ce que vous désirez, vous l'obtiendrez.

Pour cela, ce désir doit être clairement exprimé et être aligné avec qui vous êtes. Dans le cas contraire, c'est un but illusoire qui ne vous apportera que des illusions et un sentiment de manque qui s'accentuera.

Donc il n'y a pas de moment où l'on devrait se dire « *Ok, je lâche prise, ce n'est pas pour moi* ». Le lâcher-prise devrait être une attitude constante. Vivez dans le moment présent et vous n'aurez plus jamais à vous demander quand arrivera telle et telle chose. C'est la magie de la vie.

Cette notion de temps ne devrait exister que pour vous motiver à réaliser certaines tâches qui ne dépendent que de vous. Lorsque vous faites intervenir d'autres personnes, ou tout simplement l'univers, ne mettez aucune condition. Envoyez votre intention et laissez faire les choses paisiblement. Chaque chose arrivera au meilleur moment pour vous.

Et si ce n'est pas le cas, c'est que vous n'êtes pas prêt à recevoir ce que vous souhaitez. S'il vous arrive des malheurs, c'est que vous devez les vivre et en tirer les leçons adéquates pour pouvoir accepter ce que vous désirez vraiment. La vie est une suite d'ajustements. On met notre curseur à tel endroit et la vie nous envoie des signaux pour le régler un peu mieux et ainsi nous donner ce que l'on souhaite.

Tout ceci est d'une complexité infinie et on ne peut saisir tout cela d'une perspective humaine. La bonne nouvelle est que votre devoir personnel est simple. Vous n'avez pas à gérer tout cela. Tout ce qui compte pour vous est de déterminer avec précision ce que vous désirez vraiment et donner le maximum de votre personne pour faire que ça arrive effectivement dans votre expérience. Vivez et vous finirez par recevoir, peu importe le temps que cela prendra. Retenez que cela arrivera au meilleur moment pour vous.

Pour répondre très précisément à la question de départ : « *Quand est-ce que je dois lâcher-prise… ?* », la réponse est maintenant. Et c'est en acceptant de ne pas recevoir, ou de perdre, que l'on peut enfin accueillir. Vous n'avez rien à perdre. Vous êtes venu sans rien et vous repartirez sans rien, simplement enrichi dans votre Être. Peu importe ce que vous obtenez ou ce que vous atteignez. Faites votre maximum pour tendre dans la direction qui vous paraît la plus juste, et lâchez prise sur les résultats.

COMMENT JUGER SI MA DEMANDE A L'UNIVERS EST BONNE OU MAUVAISE ?

Beaucoup de personnes se posent la question de savoir si leur demande est bonne ou non. Le fait est que lorsque vous avez un désir, vous pouvez très aisément savoir si ce désir est correct, qu'il est bien formulé, ou non. C'est ce que nous allons voir ici.

Premièrement, il n'y a pas de bonne ou de mauvaise demande. Car dans tous les cas, il n'y a pas de contradiction, . Chaque chose est à sa place. Qui sommes-nous pour juger de ce qui est bien ou mal ? Par exemple, certaines personnes sont heureuses quand il y a des guerres car cela profite à leur business. Une guerre, pour rester sur cet exemple, peut également être source de nombreux enseignements avec une mémoire nous incitant à ne pas reproduire les erreurs du passé. Notre manque de vision nous fait souvent penser à tort et juger ce qui n'est pas « jugeable ». Bien évidemment, s'entretuer n'est certainement pas la meilleure façon de régler des problèmes dans une société évoluée. Mais ces erreurs sont certainement nécessaires pour construire un monde plus sain.

L'univers ne jugera donc jamais vos demandes. Mais comme tout est relié dans la vie, l'univers est vous, tout comme vous êtes l'univers. Ceci est autant spirituel que physique et je vous ramène une nouvelle fois aux travaux de Nassim Haramein. Cela signifie que le juge n'est autre que vous. Personne d'autre ne jugera jamais vos demandes. Le bénisseur ou le bourreau se matérialisera toujours dans sa forme la plus évidente : vous-même.

Vous comprenez maintenant à quel point il est inutile de s'interroger longtemps sur le bien-fondé de vos demandes, de vos désirs ou de vos objectifs ! L'essentiel est simplement qu'ils soient alignés avec qui vous êtes.

Et pour cela, je vous renvoie directement à la question sur comment formuler précisément un désir ou un objectif. Une fois que votre désir est correctement formulé, il ne vous reste plus qu'une seule étape à réaliser : que vous devriez deviner aisément à présent. C'est celle de l'émotion.

Vous êtes votre propre juge. Et Comme tout un chacun, vous possédez cette boussole intérieure qui n'appartient qu'à vous. En apprenant à l'écouter, elle vous indiquera à chaque instant le meilleur chemin pour vous. Cette boussole intérieure, c'est votre ressenti !

Si vous pouvez ressentir des émotions positives liées à votre désir, c'est qu'il est fondamentalement bon. Attention toutefois à ne pas confondre une émotion jouissive issue de l'égo, qui prendrait racine sur le fait de vous élever en rabaissant les autres. Ceci, d'un point de vue énergétique, se retournera contre vous à un moment ou à un autre puisque tout est relié. Mais si ces émotions sont purement nobles et saines et que vous êtes simplement excité et joyeux à l'idée d'accomplir ou d'obtenir ce que vous désirez vraiment, alors votre demande est parfaite.

Lorsque vous arrivez à ce niveau de cohérence intérieure, c'est que vos désirs sont alignés avec qui vous êtes vraiment. Il ne vous reste plus qu'à agir en direction de cet objectif de façon à créer un équilibre qui va vous propulser à grande vitesse vers ce que vous voulez vraiment.

La vie est fondamentalement simple. Lorsque vos objectifs sont alignés avec qui vous êtes au fond de vous, la magie de la loi de l'attraction vous apporte tout ce dont vous avez besoin pour arriver à vos fins. Absolument tout. J'ai eu des manifestations incroyables dans ma vie pour des désirs puissants pour lesquels je n'avais aucune ressource au départ. Et la vie m'a donné précisément ce dont j'avais besoin pour y arriver. Je vous mets toutefois en garde sur le fait que la façon dont les événements s'enchainent est rarement en accord avec ce que l'on imaginait au départ. On peut vivre tous les scénarios du monde dans sa tête, la vie regorge de possibilités infinies. J'ai maintes fois été extrêmement surpris de ce qui m'arrivait, autant dans les moments joyeux que dans les moments désagréables. Toutefois, toutes ces expérience sont enrichissantes.

Pour conclure, je vous dirais de travailler votre pourquoi et le comment viendra à vous naturellement. Il n'y a objectivement pas de bonne ou de mauvaise demande mais celle qui respectent votre ressenti, votre boussole intérieure, vous seront bénéfiques en tout point. Comme toujours, cela ne signifie pas que la vie s'écoulera comme un long fleuve tranquille à partir de là. Vous vivrez toujours des expériences destinées à vous faire évoluer. Mais plus vos intentions seront pures et plus la magie s'installera dans votre vie.

QUE FAIRE AVEC LES BLOCAGES DONT ON N'A MEME PAS CONSCIENCE ?

Ce genre de question m'amuse toujours. Comme si on n'avait pas assez à faire avec ce dont on a déjà conscience ! Si vous n'avez pas conscience de certaines choses, c'est que ce n'est certainement pas le moment de travailler dessus.

En revanche, vous pouvez vous sentir appelé par cette recherche. Deux solutions existent. Soit vous entreprenez un travail par vous-même en émettant l'intention de découvrir vos entraves et vos blocages. Soit vous pouvez vous faire accompagner pas un spécialiste. Pour optimiser son résultat, on peut combiner les 2.

Je pense que vous devez vous focaliser sur l'essentiel. Si vous sentez en votre fort intérieur qu'il y a des blocages que vous ne pouvez délier par vous-même, alors oui, vous avez certainement besoin d'aide. Tournez-vous vers des spécialistes qui vous libéreront de certaines charges émotionnelles ou karmiques présentes dans votre mémoire cellulaire. Nous touchons ici des domaines qui vous dépassent peut-être mais si l'on parle de blocages, nous sommes obligés d'évoquer des domaines qui défient les croyances de la plupart des personnes de nos sociétés dites développées.

C'est pourquoi je vous invite, si vous ne ressentez pas d'urgence dans ces domaines, à ne pas vous en soucier. Car vous avez toujours ce dont vous avez besoin pour avancer. Si vous vous demandez si vous avez des blocages qui vous empêchent d'obtenir ce que vous voulez, c'est comme brasser du vent ou tondre la banquise. Vous essayez de chercher les problèmes là où ils n'existent pas. Pourquoi chercher quelque chose dont on n'a même pas conscience ?

Et si vous n'en avez pas conscience, c'est soit que ces blocages n'existent pas, soit que vous n'êtes pas prêt pour vous en libérer. Ainsi, vous pouvez continuer votre chemin sans vous en soucier. On peut tout à fait vivre avec des blocages énergétiques. On le fait tous à de rares exceptions près. Nous sommes tous sur ce chemin qui nous guide vers le meilleur.

N'essayez pas de tout obtenir tout de suite alors que vous n'en avez pas besoin. A l'image du pauvre qui va liquider sa paie dans plein de choses garantissant un plaisir éphémère qui n'aura aucune plus-value par la suite, n'allez pas à la recherche de ce dont vous n'avez pas besoin. C'est une recherche futile qui vous causera plus de tort que de bienfaits.

Aujourd'hui, vous avez de nombreux outils en mains pour passer votre vie au niveau supérieur. Vous savez comment vous pouvez accomplir et obtenir ce que vous désirez. Gardez toujours à l'esprit ce pouvoir que vous avez, ce pouvoir de création. Votre conscience peut tout créer à condition que vous lui donniez les bonnes directives.

Donnez le meilleur de vous-même en ce magnifique univers auquel vous prenez part, vivez le moment présent, vivez vos rêves, vivez votre liberté, et votre vie prendra une tournure que vous n'auriez jamais pu imaginer auparavant.

COMMENT ATTIRER A SOI QUELQUE CHOSE D'IMMATERIEL COMME LE BONHEUR OU LA LIBERTE ?

Nous voici à présent dans la troisième partie de ce livre où nous allons aller encore plus en profondeur pour toujours plus de compréhension et d'intégration. Je vous invite ensuite à expérimenter ce que vous apprenez de façon à l'ancrer en vous. Comme toujours, vous avez le choix de relire, de faire une pause ou de continuer votre chemin dans ces lignes.

Dans la première partie du livre, je faisais référence à l'argent et à bien focaliser sur ce que l'on veut vraiment : "*Ce n'est pas l'argent que vous voulez, mais ce que l'argent va vous permettre d'acheter. Ou encore la liberté que vous apporterait un compte en banque bien fournit. Attention à bien focaliser sur ce que vous voulez vraiment.*"

Si nous voulons plus d'argent ou une nouvelle maison, il est facile de se focaliser dessus car ceci représente une image que l'on peut se représenter mentalement. Tout ce qui est matériel peut alors se former mentalement dans votre esprit. Bien évidemment, plus vous vous entraînerez à faire cet exercice, et plus vous serez en mesure d'y voir des détails comme des éléments précis, des couleurs, des odeurs, peut-être même des sons.

Ceci est important car cela développe votre pouvoir de l'imagination qui vous permet de focaliser sur ce que vous voulez vraiment.

Ceci étant dit, la question que vous vous posez peut-être est la suivante : « *Tout ceci est bien beau mais l'argent ne m'attire pas spécialement. Comme vous le dites, je suis plus attiré par la liberté que cela m'apporterait que le simple fait d'avoir un compte en banque bien rempli* ».

Et c'est tout à votre honneur ! L'argent n'est qu'un moyen servant à obtenir d'autres choses. On peut focaliser sur l'argent comme si c'était une fin mais ce genre de focalisation mène rarement à un bien-être notable.

J'ai d'ailleurs eu l'occasion d'échanger avec des personnes qui possède une abondance financière incroyable et qui m'ont évoqué la chose suivante : « *Plus une personne cherche à gagner de l'argent et moins elle en gagne.* ». Ceci est un grand débat. En réalité, la loi de l'attraction fonctionne de pair avec celle du moindre effort qui nous demande de lâcher-prise à chaque instant. Ainsi, si vous mettez de la tension en direction de ce que vous désirez, vous pourriez ne pas l'obtenir. C'est ce qu'il se passe notamment avec le grand sujet de l'argent. Tout cela vous oblige maintenant à réfléchir à ce qui est vraiment important pour vous, comme les sentiments que vous procurerait de gagner telle somme d'argent tous les mois.

Mais alors, comment focaliser sur des choses abstraites comme la liberté ou tout simplement le fait d'être heureux ? Ou encore le fait de pouvoir jouir de rentes financières sans être obligé de travailler chaque jour...

La loi de l'attraction dit généralement que l'on attire ce à quoi on pense le plus souvent.

Ceci est vrai et faux à la fois.

Ce que l'on devrait lire et entendre devrait être cette phrase : « *On attire à soi ce pour quoi nous ressentons des émotions* ». Car l'émotion est le langage de l'univers.

Les pensées induisent les émotions. C'est pourquoi on fait souvent le raccourci de dire que l'on attire ce à quoi nous pensons. Donc si vos pensées et vos émotions sont en alignement, cela fonctionne.

Mais vous pouvez focaliser sur l'argent et penser intérieurement que vous ne méritez pas cet argent, que les riches sont stupides, que vous devez travailler dur pour gagner plus, etc. Tous ces éléments vont faire que vous allez attirer l'inverse de ce que vous voulez.

Retenez bien que ce sont vos émotions qui vont attirer à vous des événements et des situations précises. Vous pouvez focaliser toute votre vie sur l'argent et rester pauvre car vos émotions ne vont pas dans ce sens.

Cela me conduit à vous donner une réponse concrète à la question initiale. Pour attirer à soi quelque chose d'immatériel comme le bonheur ou la liberté, vous devez focaliser votre attention sur les émotions que vous ressentiriez si vous étiez déjà heureux et/ou libre !

Vous allez peut-être me dire à ce moment-là : « *Impossible ! Comment veux-tu que je me sente heureux alors que je suis tellement endetté que je dois lutter pour payer mes factures chaque mois ??* ».

Toute la clé est là. La loi de l'attraction attire à vous des situations indépendamment de ce que vous connaissez aujourd'hui. Certaines personnes sont devenues plusieurs fois millionnaires dans leur vie en repartant chaque fois de rien. Car ces personnes focalisent sur la richesse et savent qu'elles vont refaire leur fortune.

Et vous êtes capable de faire exactement la même chose dans votre vie. Vous êtes peut-être malheureux aujourd'hui et la seule façon d'améliorer cette situation est de focaliser sur le fait de vous sentir un peu mieux maintenant. Vous êtes peut-être endetté et la seule façon d'améliorer votre situation est de focaliser sur le fait de l'être un peu moins et de tendre un peu plus vers l'abondance !

Nous avons vu dans le premier tome la nécessite d'avoir un objectif principal qui soit suffisamment grand pour qu'il vous excite et suffisamment modéré pour que vous puissiez y croire. Que signifie vraiment tout cela ?

D'une part, il doit être suffisamment grand pour susciter des émotions en vous ! Car les émotions sont la base de tout ce que vous attirez. Et deuxièmement, il doit être suffisamment modéré pour que vous puissiez y croire et donc que vos émotions soient tournées vers ce que vous voulez et non vers le manque.

Si moi-même je focalisais aujourd'hui sur le fait d'être milliardaire, ce serait peine perdue car le milliard me paraît trop loin et de plus, je n'en vois pas vraiment l'intérêt. Mais le fait que ce soit trop loin nous fait penser que ce n'est pas possible. Et les émotions liées à l'impossibilité iront à contre-courant de ce que l'on veut vraiment.

Ce croisement entre les émotions vives et la croyance de réalisation vous appartient. Il est situé à un niveau différent pour chacun de nous et diffère pour chaque domaine ou sujet.

D'où la nécessité de bien travailler sur ce sur quoi vous focalisez. Car cela va déterminer si la loi de l'attraction travaillera à votre avantage ou non.

Je souhaite terminer cette réponse avec cette phrase qui devrait vous accompagner quotidiennement : « *Tant que l'attitude est juste, les faits ne comptent pas.* ». Cela signifie que quelle que soit votre situation, quoi que vous viviez, cela n'importe pas. Ce qui compte est que vous gardiez une attitude juste par rapport à ce que vous voulez vraiment, indépendamment des faits. C'est de cette façon uniquement que vous vous mettrez dans une énergie différente et destinée à vous faire obtenir naturellement ce que vous convoitez.

… TOME 3

QU'ARRIVE-T-IL SI NOUS FAISONS UNE DEMANDE QUI CONTREDIT LA DEMANDE D'UNE AUTRE PERSONNE ?

Avez-vous vu le film *Bruce tout puissant* avec Jim Carrey ? Dans ce film, Dieu accepte d'exaucer toutes les prières de chacun et permet ainsi à 2 000 000 de personnes de gagner au loto ! Evidemment, étant donné qu'ils gagnent tous en même temps, ils ne gagnent que quelques centimes chacun et c'est le début d'un chaos gigantesque dans la ville.

Cette question ressemble un peu à celle-ci que beaucoup se posent en France : « Qu'est ce qui se passe s'il y a une attaque le premier mercredi du mois à midi quand les sirènes sonnent toujours ? ». Nous sommes dans un scénario assez improbable et qui a de multiples issues possibles. Laissez-moi répondre au mieux à tout cela.

Admettons que deux personnes soient parfaitement alignées sur le même désir et qu'il n'y ait qu'une place en jeu comme par exemple un poste à pourvoir ou un championnat quelconque. Il m'est impossible de vous dire qui obtiendra le gros lot. En revanche, ce que je sais, c'est que le meilleur leur arrivera à chacun et que leur champ de vision ne leur permet certainement pas de voir qu'il y avait une option encore meilleure pour eux et qui leur sera présentée.

Cela signifie qu'il y a toujours uniquement des gagnants ! Même si on a le sentiment de perdre parfois, la vie choisit de nous faire vivre ce scénario pour une bonne raison : celle de nous donner une leçon. La victoire survient lorsque c'est la meilleure expérience à vivre pour nous sur le plan de l'être, non de l'avoir. Obtenir quelque chose n'a aucune valeur en soi. Mais vivre une expérience destinée à nous faire avancer sur le chemin de l'Être est merveilleux.

Et c'est ce que nous faisons tous chaque jour. Vivre de nouvelles expériences pour croître. Il se peut que vous ayez la sensation de vivre les mêmes journées parfois. Mais ce n'est jamais le cas. Vous changez à chaque seconde. A chaque instant, nos cellules naissent, meurent, se renouvellent, et tout ce qui compose l'univers en fait de même. Ainsi, nous ne sommes jamais la même personne et notre environnement est modifié à chaque instant. Cela signifie que nous vivons des expériences nouvelles en tout temps.

Ainsi, nous ne sommes pas sur Terre pour obtenir ou engranger des biens ou des trophées. Nous sommes ici pour vivre pleinement notre vie en fonction de nos aspirations et de ce que la Vie décide de nous donner. Nous pouvons tendre volontairement dans certaines directions mais nous devons toujours rester dans une attitude d'ouverture totale. C'est cette ouverture uniquement qui peut vous faire comprendre qu'un échec n'est pas un échec mais seulement une expérience. Et que cette expérience est bien meilleure sur le plan de l'Être que celle de la réussite, ou du moins de l'image que vous vous en faites.

Cela signifie que même si deux personnes visent le même objectif et sont toutes deux parfaitement en accord avec cela, vibrant merveilleusement bien, à haute fréquence, avec de belles émotions, seule une de ces deux personnes vivra le scénario le plus évident : celui de la victoire. Mais la victoire n'est qu'illusion et ne représente qu'une expérience de vie sur le plan de l'Être. Tout comme la défaite.

Voilà donc la lumière faite sur cette question tortueuse qui n'a en réalité aucun sens. Il n'y a pas de bien ou de mal, de bon ou de mauvais choix, de réussite ou d'échec. Il n'y a que des expériences qui ont pour vocation à vous faire grandir. Nous grandissons à chaque instant pour apprendre, comprendre et exprimer pleinement l'unicité de notre être.

QUELS SONT LES OUTILS INDISPENSABLES POUR APPLIQUER LA LOI DE L'ATTRACTION ?

Voilà une question amusante. La plupart des gens cherchent des outils et des astuces pour appliquer la loi de l'attraction dans leur vie. La réalité, c'est qu'aucun outil n'est nécessaire ou indispensable. Certains vous donneront peut-être plus de facilité dans certains domaines mais ces outils-là ne conviennent pas à tout le monde. Certaines personnes entreront en résonance avec certains outils alors que pour d'autres, ils n'auraient aucun effet.

Je me suis passionné ces dernières années pour la nutrition en expérimentant énormément et en suivant des conseils de multiples sources. Ma conclusion au terme de plusieurs années de tests sur mon propre corps est la suivante : il n'y a aucune règle universelle en matière de nutrition. Certaines règles conviennent à une majorité d'individus mais peuvent en miner d'autres. Et je vais vous donner un exemple qui va m'amener à vous parler d'un premier outil que vous pouvez utiliser. Pensez-vous qu'il y a une différence entre manger un menu XXL dans un fast-food avec la certitude que ça va pourrir votre santé et que vous allez en ressentir les effets pendant trois jours, et le fait de manger ce menu avec une belle conscience de gratitude pour ce magnifique et délicieux repas que la vie vous offre pour vous sustenter ?

Vous l'aurez compris, votre attitude joue bien plus dans la balance que ce que vous faites. Et l'état d'esprit dans lequel vous vivez chaque expérience chaque jour joue pour beaucoup dans la balance. Votre état d'esprit, vos pensées et vos émotions créent une expérience particulière et unique, quoi que vous fassiez. Ce n'est d'ailleurs pas pour rien que les catholiques ont pour habitude de remercier pour le repas qui leur est donné avant de manger. Ceci amplifie la vibration des aliments et fortifie l'état d'esprit.

Je vais vous donner quelques outils que j'utilise personnellement et qui vous permettent d'améliorer vos résultats. Mais sachez que ce n'est pas une science exacte. Ce qui fonctionne pour moi pourrait ne pas fonctionner pour vous car nous sommes différents, nous avons des croyances différentes et nous agissons différemment au quotidien. Et encore une fois, aucun outil n'est fondamentalement nécessaire. Si vous voulez vraiment attirer à vous ce que vous désirez, la théorie est qu'il vous suffit de vivre pleinement sans vous prendre le chou ! Nous sommes dans une société où nous sommes incités à nous prendre la tête pour le moindre « problème ». Quand on ouvre son esprit et que l'on s'autorise à voir le monde tel qu'il est vraiment, en voyant les aspects positifs de toute chose et en avançant avec un esprit positif et optimiste, alors notre vie prend une toute autre tournure. On commence à attirer des situations dans lesquelles on se sent bien, nous donnant l'opportunité de nous surpasser, et nous faisant évoluer plus vite que jamais.

Ceci n'est pas un outil mais une philosophie de vie. Appliquez une bonne philosophie de vie tournée vers le bonheur et l'abondance et vous vivrez une vie extraordinaire à tout point de vue. Ceci ne vous empêchera pas de vivre des situations pouvant être difficiles mais, avec un esprit tourné vers le succès et le bonheur, il ne fait aucun doute que tout s'arrangera à votre avantage en toute situation. Ne pas se prendre le chou est synonyme de vivre dans le moment présent ou de lâcher-prise. Penser que certaines choses sont néfastes pour vous les rend néfastes. Un hamburger ou le journal télévisé de 20h ont peut-être comme point commun de ne pas être très recommandés. Mais ce qui l'est encore moins, c'est de les consommer avec une conscience négative.

Concernant des outils plus précis, il y en a déjà 2 sortes. Il y a ceux qui vous permettent de créer et d'alimenter vos désirs en vous faisant focaliser sur ce que vous voulez. Et il y a ceux qui vous permettent d'acquérir plus de sérénité au quotidien et ainsi d'entrer plus facilement dans le lâcher-prise.

Le premier outil que je vous invite à faire est de créer des autosuggestions créant des émotions positives. Par exemple, pour paraphraser Emile Coué : « *Chaque jour et à tout point de vue, je vais de mieux en mieux* » ou encore « *Je me sens merveilleusement bien maintenant que ma société génère cent mille euros de chiffre d'affaires chaque mois* ». L'idée ici est de créer des phrases qui vous font ressentir de belles émotions et qui vous concernent personnellement. Vous pouvez également ajouter après toutes vos affirmations la mention « *ou quelque chose de mieux encore.* ».

Ensuite, affichez-les partout de façon à avoir en tête ces autosuggestions et les vibrer au quotidien.

Ce premier exercice est extrêmement puissant. Je vous invite à le faire par écrit également car l'écriture active bien plus de connexions neuronales que de taper votre texte sur l'ordinateur. Pour aller plus loin, vous pouvez expérimenter les afformations qui sont également des phrases mais sous forme de questions. Elles incitent votre subconscient à trouver des réponses autour de vous. En voici un exemple « *Pourquoi suis-je plus heureux chaque jour ?* ».

Voilà qui m'amène à vous présenter une autre habitude qui métamorphosera votre vie pour peu que vous lui soyez fidèle. Il s'agit d'écrire des journaux personnels de réussite ou de gratitude. Cela consiste simplement à écrire chaque jour vos réussites et ce pour quoi vous êtes reconnaissant dans la vie. Faites ceci chaque jour et votre esprit sera entraîné à focaliser sur ce que vous voulez vraiment à chaque instant. La gratitude est un sentiment magnifique qui nous permet de nous connecter à l'amour inconditionnel. Pratiquez quotidiennement la gratitude et votre vie en sera transformée.

Ensuite, pratiquez simplement l'observation sans jugement. Apprenez à être passif, à observer sans juger, à ne pas toujours exprimer votre ressentiment et à être présent ici et maintenant. Cette simple attitude vous permettra de pacifier votre esprit et de ruminer de moins en moins. Dans la même veine, je vous invite à cultiver l'amour de soi et de prendre du temps pour vous, sans rien faire de spécial, juste être. Ceci développera votre conscience, au même titre que la méditation.

Enfin, soyez ouvert, curieux et opportuniste. Toute expérience est bonne à prendre et peut vous apporter une vraie plus-value dans votre vie.

D'une façon générale, laissez de côté les aspects négatifs d'une situation pour n'en extraire que ce qu'il y a de constructif pour vous dans chaque expérience. N'étiquetez plus, ne jugez plus, faites vos propres expériences pour évaluer ce qui vous convient ou non. Appliquer la loi de l'attraction à son avantage relève plus d'une attitude à adopter au quotidien plutôt que des actions à mettre en place. Mais souvenez-vous que tout est équilibre dans l'univers. Si vous tendez vers un extrême, quel qu'il soit, la vie vous donnera des expériences à vivre pour rétablir la balance. Et ces expériences peuvent ne pas être agréables. Développez cette attitude dès à présent et vous connaitrez des résultats positifs extrêmement rapidement.

EN APPRENANT LES PRINCIPES DE LA LOI DE L'ATTRACTION, JE COMMENCE A AVOIR PEUR DE CREER DE MAUVAISES VIBRATIONS. COMMENT FAIRE ?

Cette question est dingue ! Et je la comprends pleinement car j'en ai souffert à une époque et il m'arrive encore de subir de phénomène. Je vais vous expliquer comment.

Lorsque l'on apprend les principes de la loi de l'attraction, on se rend compte que nous sommes entièrement responsable vis-à-vis de notre vie. Je vous rappelle que tout ce que vous attirez dans votre vie ne dépend que de vous. La loi répond aux vibrations que vous émettez avec votre cerveau, votre cœur et toutes les cellules qui vous composent. Vous attirez donc ce sur quoi vous focalisez le plus, ce sur quoi vous êtes en alignement, ce pour quoi vous avez des croyances ancrées, etc.

Il est normal de pouvoir avoir peur de tout cela. Quand on se rend compte de ce « pouvoir », si on peut l'appeler comme cela, on comprend alors que notre vie est régie par les pensées et les sentiments que nous exprimons. Et c'est absolument génial d'en prendre conscience car vous pouvez alors consciemment vous transformer pour le meilleur et construire une vie extraordinaire.

Cela peut toutefois devenir problématique si vous focalisez sur quelque chose de négatif ou de désagréable. Vous pouvez parfois avoir de sombres pensées avec les émotions désagréables qui les accompagnent sans arriver à les changer immédiatement. Et vous commencez à *psychoter* en vous disant que vous allez attirer plus de ces choses-là dans votre vie. Dans, ce cas, la lecture des romans initiatiques de la série *La prophétie des Andes* vous donnera de très bonnes pistes pour avancer. Vous y apprendrez à développer un nouvel état d'esprit lié à l'attente de résultats positifs en maintenant de hautes vibrations.

Toutefois, vous l'aurez compris, une des clés de la loi de l'attraction est la focalisation. Vous avez toujours le temps de refocaliser sur ce que vous voulez vraiment. Et plus vous focaliserez sur ce que vous voulez et plus vous vous sentirez bien. Plus vous vous sentirez bien et moins vous penserez négativement. Moins vous penserez négativement et moins ce genre d'idées vous viendra à l'esprit, jusqu'à ne plus en avoir du tout. Vous pouvez également prendre un temps pour vous reconnecter dans l'instant présent lorsque vous vous rendez compte que vous ne focalisez pas sur ce que vous voulez. Ainsi, vous vous remettez dans une énergie neutre pour pouvoir refocaliser sur vos objectifs.

Avoir des pensées que vous ne souhaitez pas avoir est normal. Vous ne pouvez devenir un bouddha du jour au lendemain, car apprendre le contrôle de l'esprit est un long processus. Ceci va se réaliser pas à pas. Personnellement, il m'arrive encore d'être confronté à de mauvaises pensées en des situations très diverses. Et je prends chaque fois ceci comme un cadeau. Si la vie me montre une situation dans laquelle je ne suis pas à l'aise, c'est que quelque chose doit être réglé en moi. Cela peut être également une douleur physique. Certaines personnes trainent des douleurs physiques depuis de nombreuses années sans arriver à régler la situation. Malheureusement, elles cèdent trop souvent à la pensée que leur situation est définitive et irréparable. Rien n'est jamais définitif. Tout est changement permanent dans la vie. Et vous devez simplement accepter que des situations ou des maux puissent vous affecter à un moment donné. Et votre attitude vis-à-vis de tout cela est capitale. Vous devez toujours avoir conscience que c'est en vous demandant pourquoi vous vivez telle situation et comment vous pouvez la régler que vous allez pouvoir trouver le cadeau caché et la leçon que souhaite vous donner la vie. Votre rôle est alors de ne rien accepter comme négatif ou définitif mais toute expérience comme partie de notre chemin et de notre apprentissage quotidien.

Vous avez le droit d'avoir des pensées négatives de temps en temps. Acceptez cela. Ne vous auto-flagellez pas pour des choses aussi naturelles. Nous pensons naturellement. Le tout est d'arriver à dompter notre esprit et de lâcher-prise sur ce que nous ne contrôlons pas. Ainsi, nous verrons des résultats hors du commun dans notre vie et dans notre bien-être général.

Par exemple, je suis personnellement très impliqué dans la nourriture saine et l'environnement. Lorsque je suis amené à manger des aliments que je sais mauvais pour la santé et/ou pour l'environnement et la nature, je n'apprécie pas. J'ai appris à lâcher-prise dans ces situations-là. De plus, il est prouvé que des pensées positives tournées vers tout élément en améliore les caractéristiques. Pour cela, je vous invite à regarder les expériences de Masaru Emoto sur la cristallisation de l'eau informée. Comme je vous le disais précédemment, manger un hamburger de fast-food avec un enthousiasme et un amour débordants sera plus bénéfique pour votre corps que de le manger avec un mauvais ressenti car vous savez que c'est de la malbouffe. C'est un exemple parmi tant d'autres qui montre que vous pouvez vivre toute situation de façon différente et votre façon d'expérimenter changera littéralement les résultats.

Dans tous les cas, vous n'avez pas à avoir peur de tout cela. La vie est là pour nous aider à chaque instant. Prenez l'habitude d'être dans cet état d'ouverture qui vous mène à comprendre pourquoi tel événement vous arrive, ce que vous pouvez en tirer et continuer à avancer. Il n'y a aucune fatalité. Si vous êtes morose, il se peut également que vous ayez besoin de repos. Apprenez à vous écouter, à écouter vos ressentis, votre corps, vos émotions, et vous serez amené sur un chemin très doux en termes d'apprentissage et de croissance.

TOME 3

COMMENT ATTIRER LA PERSONNE QUE J'AIME EN SECRET ?

L'amour est au cœur de bien des préoccupations dans notre société. Trouver l'amour est une quête pour beaucoup de personnes. Et il est normal à certains moments de notre vie de rencontrer une personne qui nous attire énormément et que l'on souhaite conquérir. La question est donc : peut-on l'attirer grâce à la loi de l'attraction ? La réponse est oui et non. Et je vais faire la lumière sur ce point.

En réalité, cela rejoint directement la question sur l'influence et la manipulation que l'on a vu dans les tomes précédents. On peut influencer les autres mais chacun a son libre arbitre et vous ne pouvez donc forcer quelqu'un à aller dans une certaine direction. Vous ne pouvez donc forcer quelqu'un à vous aimer.

En revanche, vous pouvez attirer à vous la personne idéale de façon certaine et infaillible. Pour cela, vous devez accepter que toutes les personnes qui vous séduisent ne soient pas toujours des personnes qui vous correspondent vraiment.

Cela signifie que vous pouvez dès aujourd'hui choisir de focaliser sur une magnifique relation amoureuse avec vos pensées et émotions tournées vers cela. C'est en concentrant pleinement votre attention envers la relation que vous souhaitez obtenir que vous attirerez à vous les personnes qui vous correspondent vraiment.

Ainsi, les apparences peuvent être trompeuses. La personne que vous aimez en secret n'est peut-être pas la personne idéale pour vous. Il se pourrait que si vous vous mettiez avec cette dernière, la relation s'éteindrait rapidement car vous ne seriez pas sur la même longueur d'onde. Voilà pourquoi vous devez toujours rester ouvert à tout ce qui peut arriver. Vous pouvez penser avoir trouvé l'âme sœur ou la personne de votre vie alors que finalement, une autre personne vous conviendrait largement mieux.

On ne sait pas ce que l'on ne sait pas. On n'a pas conscience de ce qui n'est pas dans notre champ de conscience. La personne de vos rêves existe certainement hors de votre écran radar. Et pour la rencontrer, vous devriez focaliser sur cette personne avec passion, désir et lâcher-prise. Ainsi vous attirerez les circonstances favorables pour attirer cette personne dans votre vie.

Pour revenir à la question initiale, il peut être vain de chercher à attirer la personne que l'on aime en secret car ce n'est peut-être pas la personne idéale pour nous. Si vous en êtes toutefois convaincu, alors focalisez pleinement sur le fait de vivre une relation riche et amoureuse avec cette personne sans faire obstacle à cela. Gardez en tête que vous trouverez chaussure à votre pied quoiqu'il arrive. Si ce n'est pas cette personne, ce sera une autre. Voilà pourquoi je vous invite plus à focaliser sur LA relation idéale plutôt que sur celle à laquelle vous pensez en fonction des faits de votre vie.

Toutefois, attirer la personne que l'on aime en secret est possible si la personne concernée n'est pas fermée à cette idée. Encore une fois, on ne peut forcer les gens à agir d'une certaine façon, on peut seulement les influencer et si vous vous comportez de la plus belle des manières avec cette personne tout en gardant votre focalisation sur le fait de vivre une belle relation avec cette personne. En envoyant des pensées et des vibrations d'amour envers cette personne, elle en sera impactée positivement. Mais si elle est fermée à l'idée de se mettre en couple avec vous, alors c'est peine perdue et vous risqueriez d'y laisser des plumes. Attention à toujours être dans une vibration d'amour et non de frustration, car à partir de ce moment-là, ce ne serait plus du tout la même énergie que vous envoyez à cette personne.

Voilà une première réponse qui est absolument nécessaire de comprendre. Influencer oui, mais non manipuler.

Voici également une autre approche et je vais simplement vous poser une question pour vous amener sur cet autre chemin : « Pensez-vous pouvoir vivre une relation amoureuse riche et épanouissante si vous ne vous aimez pas vous-même ? ». Il peut y avoir de nombreuses raisons au fait de ne pas arriver à trouver l'amour. Et cela peut commencer par là. Aimez-vous vous-même avant tout ! Prenez soin de vous ! Bichonnez-vous ! Comprenez que vous êtes un bijou de la vie comme tout un chacun. Vous êtes unique et vous vous devez de vous aimer pleinement ! C'est la Vie qui vous le demande ! Si vous vous aimez pleinement pour qui vous êtes, alors les personnes qui sont en accord avec vos vibrations vous aimeront également. Et cela fera une différence immense dans toutes les relations que vous entretiendrez.

Encore une fois, il n'y a pas de hasard et chaque chose est à sa place dans l'univers. Si vous n'avez pas encore trouvé l'amour aujourd'hui, c'est que ce n'est pas encore le bon moment. Restez ouvert et dans une attitude juste et chaque chose arrivera en temps et en heure dans votre vie.

PUIS-JE CREER ET ATTIRER CE QUE JE VEUX SANS M'EN RENDRE COMPTE CONSCIEMMENT ?

Bien sûr ! Et en allant plus loin dans l'explication de ceci, vous créez et vous attirez en permanence. Vous n'attirez pas toujours ce que vous voulez. Vous attirez toujours ce dont vous avez besoin pour évoluer.

Pour faire un lien avec les questions précédentes, c'est là qu'entre en jeu votre façon de percevoir les événements qui vous arrivent. Vous avez toujours le choix de voir le verre à moitié plein ou à moitié vide. C'est une question de choix !

La vie est complexe dans son fonctionnement. Ce qu'il nous faut accepter, c'est que l'univers est énergie, l'univers est vibration, et tout ce que l'on perçoit de matériel n'est en réalité que du vide rempli d'énergie. L'explication à cela est que lorsqu'on zoom dans la matière, on voit par ordre de grandeur passer les molécules, les atomes, électrons, puis on arrive à un point où il n'y a plus rien de matériel, tout est vide. Et ce vide est constitué d'énergie et de fréquences vibratoires précises. Par conséquent, nous sommes également pure énergie. Et nous interférons sur l'énergie qui nous entoure à chaque instant grâce à nos propres vibrations.

Votre cerveau et votre cœur sont 2 centres qui vous permettent d'émettre des fréquences vibratoires dans l'univers et ainsi d'impacter ce qui vous arrive. Et d'une façon générale, tout votre corps vibre, votre ADN et vos organes vibrent. Par ce processus, vous créez et attirez en permanence, même si vous n'y pensez pas consciemment.

Le langage de l'univers est celui de l'émotion. D'où l'importance de prendre soin de ses pensées, dont découlent les émotions, ainsi que du fait de vous sentir bien le plus souvent possible. Prenez vraiment soin de la qualité de vos états émotionnels car c'est ce que l'univers entendra et c'est ce qu'il vous répondra en retour.

Donc que ce soit consciemment ou inconsciemment, vous attirez en permanence ce qui crée votre monde. Vous pouvez donc considérer que votre vie est entièrement issue de votre propre création. Tout ce qui vous entoure, tout ce que vous considérez comme bien et pas bien, toutes les personnes, et ainsi de suite, est la résultante des pensées, des émotions et des croyances que vous entretenez au quotidien. Nul besoin que ce soit conscient. La loi de l'attraction fonctionne tout le temps et en toute circonstance.

Cela signifie que vous pouvez attirer et créer les circonstances parfaites à votre développement à chaque instant et sans en avoir conscience. Pour cela, vous devez instaurer des habitudes simples qui vous permettent de vous sentir bien le plus souvent possible. Car lorsque l'on se sent bien, on attire à soi des situations où l'on se sent bien. Une nouvelle fois, cela ne signifie pas que vous ne serez pas challengé. La vie prend un malin plaisir à nous donner des épreuves à surmonter. Mais elle nous donne toujours ce que l'on est prêt à vivre. Si l'on n'est pas prêt à vivre certaines expériences car trop difficiles, elles ne nous seront pas présentées. Mais retenez que plus une situation vous demandera d'efforts et de sortir de votre zone de confort, plus celle-ci comprend en ses germes un potentiel de croissance immense vous concernant. Remerciez la vie lorsqu'elle vous donne matière à évoluer en vous présentant des situations inattendues et parfois déstabilisantes.

Pour aller plus loin sur ce sujet d'attirer à soi inconsciemment, je vous invite à vous porter sur vos croyances. Nous sommes conditionnés de façon absolument incroyable. La grande majorité de ce que nous croyons est issu de ce que nous ont enseigné les autres. De là viennent toutes nos limites. Et je pèse mes mots. J'ai pris une immense claque il y a quelques temps car je pensais avoir fait un chemin immense sur ce sujet. J'avais explosé bien des programmes qui me limitaient et j'avais développé cette foi qui me pousse de l'avant en toute situation. Et j'ai rencontré des personnes qui vivaient de façon bien différente. Des personnes qui se nourrissent autrement, qui dorment différemment, qui ont une énergie débordante et qui ne respecte pas les normes évidentes pour la majorité des gens. Encore une fois, j'insiste sur l'importance de ce que vous croyez et admettez comme vrai dans votre vie. La vérité est uniquement ce que vous admettez comme vrai dans votre vie. On pense tous savoir des choses qui sont seulement vraies parce que nous les croyons.

EST-CE QUE LES REVES INFLUENT SUR CE QUE L'ON ATTIRE DANS LA VIE ?

C'est une question très particulière qui, je pense, peut intéresser certaines personnes. Nous rêvons tous chaque nuit. Nous ne nous en souvenons pas forcément mais nous passons par plusieurs phases de sommeil paradoxal où se constituent les rêves.

Ce qu'il faut savoir, c'est que la plupart des pensées, émotions et croyances que nous avons sont situées dans le subconscient. Nous ne sommes pas en permanence conscient de ce que nous ressentons et des croyances que nous entretenons. Tout ceci se fait principalement inconsciemment.

Le subconscient émet des vibrations en masse. En réalité, lorsque vous vous entraînez à penser d'une certaine façon et à ressentir certaines émotions, votre conscient envoie des messages à votre subconscient qui les enregistre. Le subconscient enregistre toute les informations que votre cerveau collecte. A chaque instant, ce sont des milliards et des milliards de données collectées à travers les images, les sons, les odeurs, les pensées, les émotions, etc. Votre subconscient est tout comme un ordinateur d'une complexité infinie et ayant une capacité de calcul gigantesque.

Lorsque votre cerveau émet des vibrations dans l'univers, en réalité, ce sont principalement des vibrations issues de votre subconscient. C'est pourquoi devenir positif du jour au lendemain ne fait pas des miracles instantanément car vous pouvez avoir des années de pensées et de croyances stockées dans votre inconscient. Vous pouvez faire jouer ce miracle du changement énergétique instantané mais pour l'intégrer sur le long terme, il vous faudra vous exercer régulièrement.

Quand on focalise sur quelque chose mais qu'en arrière-plan, on a des croyances qui vont à l'encontre, cela créé une contradiction entre votre inconscient et votre conscient. Par conséquent, il résulte de cette incongruence dans les vibrations que vous émettez, ce qui mène à une absence de résultats. Voilà une des raisons pour lesquelles certaines personnes n'obtiennent pas ce qu'elles veulent. D'un côté, elles focalisent sur un désir mais en arrière-plan, elles n'ont que des croyances qui vont à l'encontre. Si je focalise sur le fait de trouver l'amour mais que je me sens faible et repoussant en arrière-plan, rien de concret ne se matérialisera dans ma vie dans ce domaine-là.

Pour en revenir aux rêves, ce sujet est passionnant puisque lorsque nous dormons, les barrières du mental s'évanouissent pour laisser place au subconscient et à l'univers qui le compose. Ainsi, tout ce qui est présent dans notre subconscient a la capacité de s'exprimer dans ces moments-là.

Comme votre mental n'est plus là pour structurer le message, ces rêves semblent loufoques ou incohérents. Mais votre subconscient s'exprime pleinement par ce biais-là et vous délivre des messages pouvant être d'une grande importance car c'est votre être qui parle à travers ces messages que vous pouvez décrypter.

Vos rêves sont donc le reflet de ce qui se trame dans votre inconscient. Lorsque vous rêvez, vous pouvez accéder à ce niveau de conscience qui est difficilement accessible lorsque le mental est activé. Les rêves sont donc des trésors qui peuvent vous servir à vous guider vers une destination ou encore à réparer certaines choses cassées en vous.

L'objectif ici n'est pas de vous dire comment interpréter les rêves car c'est un sujet complexe qui fait d'ailleurs l'objet de nombreux livres, mais simplement de vous faire prendre conscience que les rêves sont là pour vous aider. Qu'ils soient agréables ou désagréables, ils contiennent tous des clés pour vous aider à avancer.

C'est dans l'interprétation des rêves que vous pouvez trouver des pépites qui ne vous seraient pas apparues consciemment. Ces pépites sont souvent sous formes de symboles, d'images, de représentations spéciales, ce qui demande un certain entrainement pour accéder à leur interprétation.

De plus, les rêves vous permettent d'évacuer certaines pensées et émotions qui surchargeraient inutilement votre cerveau. En effet, nous avons tendance à refouler et à ignorer certaines situations émotionnelles vécues car elles nous sont trop difficiles à vivre. L'inconscient les stockent pourtant précieusement, attendant le meilleur moment pour les évacuer et les ramener à votre conscience lorsque vous êtes prêt.

Pour résumer, les rêves en eux-mêmes n'influent pas sur votre capacité à attirer, mais ils sont de précieux alliés pour vous aider à obtenir des clés qui vous permettent d'avancer. Il peut arriver que vous visiez un objectif particulier mais que vous ayez de grosses barrières limitantes vis-à-vis de celui-ci. Les rêves peuvent vous permettre de les dévoiler et, en les analysant, vous pourriez comprendre pourquoi vous êtes bloqué dans votre situation.

C'est tout un monde qui s'ouvre à vous avec le monde des rêves. Soyez conscient qu'ils sont là pour vous aider, rien de plus. Et faites-vous accompagner par des spécialistes qui peuvent vous aider dans leur interprétation si le cœur vous en dit. Cela me permet de refaire un point sur ce précieux sujet. Rien n'est bien ni mal dans la vie. Tout est là pour vous aider à grandir, que ce soit une situation agréable ou désagréable. Tout est donc là pour vous aider, tout est précieux sur votre chemin de vie. Et les rêves sont de précieux alliés.

Y-A-T-IL UN PRIX A PAYER A IGNORER LA LOI DE L'ATTRACTION ?

Une réponse simple : non. Vous pouvez l'ignorer et vivre heureux comme beaucoup de gens.

En revanche, cette loi s'appliquera d'elle-même, que vous en ayez conscience ou non. Cela signifie que la vie vous enverra ce que vous demandez et ce dont vous avez besoin. Vous recevrez des signes, vous vivrez des expériences particulières, tout ceci dans le but de vous apprendre certaines leçons et de vous faire grandir.

Vous pouvez ignorer ce sujet mais je vous invite à ne pas ignorer les signes de la vie. Lorsque vous êtes appelé à faire certaines choses, la vie vous donnera des pistes. Si vous ignorez ces pistes, la vie vous en donnera toujours plus. Et parfois elle vous contraindra à aller dans certaines directions pour vous forcer à faire ce pour quoi vous êtes venu sur Terre.

Par exemple, la personne qui s'efforce de travailler dans un domaine qui ne lui convient pas verra des signes pour l'envoyer sur une autre voie qui lui conviendrait mieux et dans laquelle elle pourrait apporter une valeur beaucoup plus grande à la communauté. Plus ces signes seront ignorés, plus ils deviendront évidents. Parfois ils se transformeront en événements franchement désagréables. Certaines personnes se retrouvent avec de graves maladies, voire une paralysie, les empêchant littéralement de continuer à exercer leur activité professionnelle. Elles se retrouvent donc à chercher ce qu'elles pourraient faire d'autres et finissent par s'illustrer dans des activités qui leur ressemblent vraiment.

La connaissance est un véritable pouvoir. Quand vous savez comment fonctionnent les lois de l'univers et comment vous pouvez en tirer profit, alors vous pouvez évoluer plus rapidement sur ce chemin-là. Toutefois, la notion d'imbécile heureux s'applique parfois de façon magnifique. Certaines personnes ne se soucient jamais de rien et vivent naturellement avec beaucoup de joie. Le même exemple existe avec les enfants qui avant l'âge de raison vivent dans l'insouciance et l'émotion. Pourtant, la vie n'épargne pas les insouciants. Chacun est là pour vivre des expériences nouvelles et enrichissantes. Et si l'on n'est pas habitué à être positif en toute situation, la situations désagréables destinées à nous donner des leçons de sagesse pourraient être très difficiles à vivre.

En fin de compte, il n'est absolument pas nécessaire de connaître tout cela mais je pense que si vous êtes amené à vous documenter sur ce genre de sujet, c'est qu'il y a une bonne raison. Vous cherchez des réponses à vos questions. Et une meilleure compréhension des lois qui régissent notre monde vous permettront à coup sûr de mieux vivre votre vie.

Il n'y a donc pas spécialement de prix à payer à la non-connaissance. Mais en utilisant intelligemment les principes essentiels qui font que l'on peut vivre une vie plus heureuse tout en inspirant les personnes autour de nous, on peut faire passer sa vie au niveau supérieur. Ce sont là les avantages à connaître les différentes lois de l'univers et à les appliquer consciemment dans sa vie. Dès votre plus jeune âge, vous avez rapidement compris que la loi de gravitation vous maintenait cloué au sol, ce qui vous a fait intégrer qu'il valait mieux ne pas tomber pour éviter de se blesser. Vous êtes conscient de cette loi qui est une composante essentielle de notre monde. Vous avez appris à vivre avec et à agir sagement en fonction de ses attributs.

Avec la loi de l'attraction, c'est le même processus. Lorsque vous comprenez que deux fréquences vibratoires de même nature s'attirent irrémédiablement et que vous avez la capacité d'influer sur tout ce qui vous entoure ainsi que sur vous-même, alors votre vie change. Votre vie change car vous adaptez un comportement en conscience de ce qu'il engendre. Vous pouvez donc faire des choix qui vous amèneront vers une vie que vous appréciez toujours plus.

Si j'avais un conseil à vous donner ici avant de clore cette réponse, je vous dirais que même si vous n'êtes pas pleinement convaincu de l'existence ou de la validité de la loi de l'attraction, cela importe peu. Ce qui compte véritablement est que vous soyez à l'écoute de vous-même, de vos ressentis, ainsi que des signes que vous envoie la vie. Nous tenons là, à mon sens, une véritable pépite de sagesse : pouvoir avancer en toute circonstance avec la capacité à se remettre en question tout au long du chemin.

TOME 3

EXISTE-T-IL UN OUTIL POUR MESURER ET ELEVER SON TAUX VIBRATOIRE ?

Voilà une question des plus intrigantes. Et d'une importance capitale dans le cycle de vie terrestre actuel. Nous vivons une période intense énergétiquement. Le taux vibratoire de la Terre augmente considérablement depuis plusieurs années et nous amène à changer notre façon de vivre. Vous pouvez retrouver plus d'informations à ce sujet à propos de la résonnance de Schumann qui est le reflet du champ magnétique terrestre. Les personnes qui ne s'adaptent pas à ces changements et refusent littéralement d'écouter les signes de la vie et de leur être risquent de vivre des périodes difficiles. Etre en conscience sur ces sujets permet de comprendre et d'appréhender les événements différemment, tout en intégrant plus facilement les nouvelles énergies.

Si le taux vibratoire de la planète augmente, nous devons également nous aligner sur cette tendance. Car je vous rappelle que deux fréquences vibratoires de même nature s'attirent irrémédiablement. Cela signifie que si mon environnement augmente en vibration alors que je stagne, ma vie sera ponctuée de turbulences afin que je puisse vivre en harmonie avec celui-ci.

Cela peut faire peur mais je crois vraiment qu'il n'y a pas à craindre le changement. Si l'on est dans une belle attitude, à l'écoute de soi et de ses besoins, on tendra naturellement vers ce qui est bon pour soi.

A présent, afin de mesurer son taux vibratoire, il existe de nombreuses méthodes. Premièrement, je vous invite à faire confiance à votre ressenti et à ce que l'on appelle communément notre boussole intérieure. Cette dernière a pour but de vous dire si vous êtes à votre place ou non, si vous faites ce que vous devriez faire ou non, si vous êtes aligné ou non, en d'autres termes si vos actions sont en cohérence avec votre être. Autrement dit, c'est comment vous vous sentez précisément à un instant donné. Si vous vous sentez bien, votre taux vibratoire est élevé. Si vous vous sentez mal, votre taux vibratoire a certainement chuté.

Ce qu'il est important de comprendre, c'est que plus votre taux vibratoire est élevé et plus votre capacité à attirer à vous ce que vous voulez est grande. Vous avez certainement remarqué que certaines personnes attirent la chance et d'autres plutôt les catastrophes. C'est lié au taux vibratoire. Si vous en avez un qui dépassent tous les records, rien de ce qui est de basse vibration ne peut exister durablement, voir ne peut exister du tout, dans votre vie. Ainsi, les catastrophes, la malchance, la maladie ou encore l'infortune vous fuient naturellement car leur vibration ne peut coexister avec la vôtre.

Il y a des contre-exemples à cela car la vie peut nous donner des expériences très difficile à vivre quand on augmente son taux vibratoire car elle nous juge prêt pour des intégrations plus poussées. C'est notamment l'histoire de Job dans la Bible que Dieu met à l'épreuve pour tester sa foi.

Ces dernières années, je me suis souvent retrouvé à vivre une situation en présence d'autres personnes qui avaient une perspective complètement différente de la mienne. Comme ce que je voyais et ce que les autres voyaient était juste complètement différent, nous nous demandions presque si nous étions au même endroit au même instant. C'est le même scénario qui s'opère lorsque vous êtes fier de la voiture que vous venez d'acheter et que vous vous rendez compte qu'il y en a des modèles similaires partout autour de vous. Lorsque votre esprit est focalisé sur un élément ou une vibration en particulier, alors vous êtes amené à vivre plus de ces choses-là. Cela montre que les vibrations sur lesquelles vous vous branchez s'invitent davantage dans votre vie, au détriment d'autres bien évidemment.

Avoir un haut taux vibratoire et vous sentir magnifiquement bien ne signifie pas que vous allez vivre dans le monde des *bisounours*. Nous sommes tous ici pour expérimenter et croître. Ainsi, quelle que soit votre position, vous vivrez des expériences destinées à vous faire grandir et à contribuer au monde. Toutefois, avoir un haut taux vibratoire va généralement vous faire évoluer en conscience de façon beaucoup plus douce que les personnes qui ferment les yeux sur tout cela.

Afin de connaître votre taux vibratoire, vous pouvez utiliser différents outils de radiesthésie comme le pendule, en vous servant de l'échelle de Bovis. Si votre sensibilité ne vous permet pas d'utiliser ces outils convenablement, faites appel à une personne qui pourra le faire. Très honnêtement, je ne pense pas que ce soit important de connaître son taux vibratoire de façon chiffrée. Apprenez à vous écouter intérieurement et je peux vous garantir que vous saurez si vous êtes dans de belles vibrations ou non. De plus, cette conscience de soi fera naturellement grimper votre taux vibratoire.

Ceci étant dit, je vous invite à passer à la question suivante sur comment augmenter son taux vibratoire.

TOME 3

COMMENT ELEVER MON TAUX VIBRATOIRE ?

Passons maintenant à tout ce qui peut vous aider à faire grimper votre taux vibratoire. Je ne vais pas faire une description de toutes les techniques mais au moins vous dresser le tableau pour que vous puissiez décider ce qui vous paraît le plus cohérent pour vous. Sachez que plus vous avez un taux vibratoire élevé et plus vous pouvez attirer facilement ce que vous voulez.

Dans le livre *Demandez et vous recevrez* d'Esther et Jerry Hicks, l'auteur nous parle de l'échelle de guidance émotionnelle sur laquelle on retrouve des émotions et des sentiments sur chacun des barreaux. Les barreaux inférieurs comprennent les émotions basses ayant un faible taux vibratoire et les barreaux supérieurs montrent des émotions à hauts niveaux vibratoires.

On retrouve en haut de l'échelle l'amour, la joie, la gratitude, la liberté, l'appréciation, la passion, l'enthousiasme, le bonheur, l'optimisme, la confiance, etc. Toutes ces émotions et tous ces sentiments portent en eux une vibration élevée.

Pour augmenter son propre taux vibratoire, vous devez focaliser sur ces sentiments-là. Et pour cela, rien de plus simple que d'en imprégner vos objectifs et tout ce que vous faites et pensez au quotidien.

Parfois, vous vous surprendrez à être négatif ou à pester dans votre barbe, ceci n'est pas grave. A partir du moment où vous en avez conscience, vous pouvez inverser la vapeur. Efforcez-vous de mettre fin à ces pensées et émotions déplaisantes que vous ressentez pour les remplacer par des émotions plus hautes sur le plan vibratoire.

Ceci peut vous demander quelques efforts en fonction de votre avancement actuel sur cette voie mais c'est un effort conscient obligatoire au commencement si vous voulez connaître des résultats qui vous conviennent sur le long terme.

D'une façon générale, il n'y a pas des milliers de façons d'augmenter son taux vibratoire mais on peut trouver une multitude de petites techniques pour le faire. Comme toujours, vous focaliser sur ce que vous voulez vraiment et sur ce qui vous fait vous sentir bien vous permettra d'élever votre taux vibratoire.

La première chose à faire afin d'augmenter son taux vibratoire, c'est d'être vous-même et de ne plus laisser votre mental ou votre égo vous diriger. De trop nombreuses personnes sont bloquées dans un schéma de vie qui ne leur convient pas et qui minent leur moral au quotidien. Reprenez votre pouvoir personnel en main, affirmez-vous, faites ce pour quoi vous vous sentez attiré et contribuez de la meilleure des façons au monde dans lequel nous vivons, et votre taux vibratoire grimpera naturellement en flèche. Encore une fois, nous sommes dans une question d'alignement ici. Plus vos actions seront en adéquation avec votre Être, plus la vie sera clémente avec vous. Je reviendrai sur ce point quand nous parlerons de la loi du Karma qui est l'illustration directe de ce principe.

Ensuite, vous pouvez pratiquer la méditation et l'art de la pleine conscience. Réapprenez à vivre le moment présent, à prendre plaisir à vivre simplement, à regarder ce qui est beau autour de vous, à vous émerveiller de ce qui vous semble naturel. En d'autres termes, c'est d'arrêter de vivre dans le passé et le futur et de vous reconnecter à l'ici et maintenant, à vos sensations, vos ressentis, etc.

Passons désormais à la plus merveilleuse des techniques : la gratitude ! La gratitude est le sentiment le plus proche de l'amour inconditionnel qui est de la vibration la plus haute qui soit. Ainsi, en pratiquant la gratitude dans votre vie, vous pouvez faire monter votre taux vibratoire en flèche. Commencez petit en remerciant pour des choses simples, remerciez pour les belles situations que vous vivez, les personnes que vous rencontrez, les sourires que vous croisez, tous les biens que vous avez, à commencer par un toit au-dessus de votre tête, l'eau potable à volonté, l'électricité, etc. Ensuite, vous pourrez remercier votre passé, votre futur et instaurer des routines spécifiques sur tout cela. Le sujet de la gratitude est immense et tout exercice est bon pour développer cette belle attitude. Cherchez le positif en toute chose et votre taux vibratoire augmentera en flèche.

Une dernière astuce pour augmenter votre taux vibratoire serait de vous reconnecter à la nature. Prenez un moment chaque jour pour marcher à l'extérieur, idéalement dans un parc, en forêt ou dans la montagne. Prenez un moment pour regarder les arbres, les fleurs, les feuilles. Prenez un moment pour aller à la mer, vous baigner. Prenez un moment pour jardiner ou cultiver des plantes. Prenez un moment pour prendre un arbre dans vos bras. Tout ce qui peut vous reconnecter à la nature est fondamentalement bon pour vous. Un exercice encore plus simple est celui de se reconnecter à son propre corps, à porter son attention sur les différentes parties qui nous composent. Cela vous recentre dans le moment présent et vous pouvez même y ajouter une pointe de gratitude pour toutes les cellules qui vous composent et œuvrent pour votre bien-être quotidien.

Aller dans la nature vous permet également de faire un break par rapport à tous les appareils électroniques et ondes diverses. Il y en aura forcément moins en forêt que dans votre habitat et cela vous ressourcera en belles énergies.

On pourrait aller plus loin sur ce sujet mais libre à vous également de faire vos propres recherches. Vous retrouverez de nombreuses informations à ce propos sur mon site et autres supports. Je parle notamment dans mon livre sur les sept secrets de la possibilité d'émettre votre gratitude pour ce qui est en train d'arriver dans votre vie sans que ce soit là pour le moment. C'est une illustration et une mise en application parfaite du principe du « faire comme si » en appliquant la gratitude qui est d'une vibration très élevée.

Ensuite, je vous invite à lire des livres motivants, à écouter des audios et à regarder des vidéos motivantes de personnes qui ont prouvé qu'elles ont compris certaines de ces clés qui conduisent au bonheur et à l'accomplissement. Ceci, vous devriez le faire tous les jours. Je le fais tous les jours depuis plusieurs années sans exception. Même si vous devez lire une ligne ou seulement le titre de votre livre de motivation préféré, faites-le ! Car ceci développe en vous des connexions neuronales sur le long terme. L'important est l'habitude. Mieux vaut 10 minutes par jour que 2h tous les dimanches. De plus, vous trouverez dans ces livres et vidéos des outils que vous pourrez appliquer pour aller toujours de l'avant et améliorer votre vie.

Je tiens à vous partager un dernier point absolument essentiel. Nous ne partons pas tous du même point de départ. Certains se sentent déjà très bien dans leur vie, d'autres sont au plus mal. Ce ne sont pas les mêmes étapes à franchir dans les deux cas. Passer de la dépression à l'amour inconditionnel n'est pas possible en une poignée de seconde. Dans ce cas, avant de pratiquer la gratitude, je vous invite plutôt à monter dans l'échelle émotionnelle, en recherchant à être en colère contre certaines choses qui vous pouvoir vous pousser à l'action. Une personne qui se sent déjà bien y perdrait à chercher à se mettre en colère. Soyez donc sage et restez à l'écoute de ce qui est bon pour vous. La base de toutes ces réflexions est l'écoute profonde. Il n'y a pas de règle universelle, seulement des tendances que vous pouvez appliquer ou non dans votre vie.

PUIS-JE TRANSFORMER MON CORPS PHYSIQUE AVEC LA LOI DE L'ATTRACTION ?

Connaissez-vous l'effet placebo ? La médecine a montré à travers de nombreuses expériences le pouvoir de nos croyances dans la guérison physique. Et ceci s'applique à de nombreux domaines. Une expérience qui m'a particulièrement marqué fut celle d'un médecin qui donna une pilule miracle contre une maladie coriace à un de ses patients en lui disant que cette pilule allait à 99 % éliminer la maladie mais qu'il y avait un effet secondaire pas terrible : celui de faire tomber l'intégralité des cheveux. Le patient prit le cachet avec plaisir, sa maladie guérit rapidement et tous ses cheveux tombèrent. Pourtant, le médecin ne lui avait donné qu'un simple bonbon. Incroyable non ? Le pouvoir de nos croyances...

A partir d'expériences comme celle-ci, on peut se demander jusqu'où l'on pourrait aller. Pouvez-vous imaginer pouvoir faire tomber vos cheveux par votre unique pensée ? C'est pourtant possible avec l'expérience que je viens de vous narrer. Je pense profondément qu'il n'y a pas de limite. Si vous souhaitez aujourd'hui transformer votre corps physique, c'est possible. Et c'est possible sans nécessité de faire un régime spécifique ou de manger trois fois plus qu'auparavant. Sauf si vous croyez que c'est absolument nécessaire, bien évidemment.

J'espère que vous comprenez à présent le grand pouvoir de nos croyances. Si vous croyez fermement à quelque chose, alors cette dernière se matérialisera pour vous et deviendra réalité. Vous pouvez transformer votre corps physique en changeant vos croyances. Vous devez pour cela développer votre confiance et votre foi que tout est possible et que vous décidez à chaque instant de ce que vous faites de votre vie. Ensuite, c'est également une question de formulation de vos requêtes ou intentions.

Imaginons que vous souhaitiez perdre du poids, vous pourriez vous programmer intérieurement en vous répétant la phrase suivant « *Je me sens merveilleusement bien maintenant que je pèse 60kg.* ». Je vous recommande de ne jamais utiliser de négation ou de termes négatifs comme « *perdre* ». La nature a horreur du vide comme vous le savez. Si vous êtes plutôt dans la logique de gagner en muscles par exemple, vous pourriez dire « *Je remercie pleinement la Vie de m'avoir donné ce corps puissant, bien dessiné et pesant désormais 75kg.* ». Voilà des exemples qui peuvent fonctionner à condition d'y croire comme toujours. Il vous suffit ensuite d'ajuster les paramètres et les mots utilisés pour que ces phrases résonnent en vous.

Attention toutefois à un point important. Si ces désirs ne sont issus que de l'égo et qu'ils n'ont aucune validité sur le plan de l'être et de votre mission de vie, il est probable que vous n'arriviez pas à les réaliser. L'univers ne perd pas de temps à faire des choses inutiles. Soyez donc convaincu que ce que vous désirez est cohérent et en alignement avec ce que vous désirez vraiment au plus profond de vous. J'ai personnellement désiré grossir pendant longtemps et on me disait en permanence que j'allais bien finir par grossir. Ce n'est jamais arrivé et le jour où j'ai lâché prise sur tout cela, j'ai ressenti un grand bien-être. Je n'étais pas aligné avec cette notion de grossir et je me sens pleinement bien avec mon poids actuel. Pourquoi en changerais-je ? Si ce n'est peut-être pour vous prouver qu'on peut le faire, dans ce cas cela pourrait marcher.

Soyez donc cohérent dans ce que vous convoitez et cherchez toujours à croître dans la direction qui est la meilleure pour vous. Aujourd'hui, certaines personnes ont littéralement transformé leur façon de vivre chaque jour en transformant leurs croyances. Vous pouvez le faire également, et ce, dans tous les domaines de votre vie. Qu'est-ce que vous voulez vraiment ? Et qu'est-ce qui vous empêche de l'obtenir ? Je pense vraiment que faire un travail sur ces croyances dans l'optique d'obtenir ce que l'on veut est quelque chose d'incroyable à faire et porteur de résultats très rapides.

Vous pouvez transformer votre corps physique tout comme vous pouvez accomplir des miracles dans votre vie. On entend parler de faits absolument incroyables de personnes ayant dépassé les lois de l'entendement. Tout est possible en ce moment, à condition que vous y croyiez...

PEUT-ON FORCER DES PERSONNES PRECISES A FAIRE CERTAINES CHOSES POUR NOUS ?

Oui et non. Il y a plusieurs réponses à cette question.

Nous avons déjà traité le sujet quand nous parlions d'amour et d'attirer l'âme sœur mais je vais refaire un point ici pour que ce soit bien clair.

Beaucoup trop de personnes cherchent à faire faire aux autres ce qu'ils veulent, les contraignant à se détacher de leur Être pour faire des choses qui ne leur plaisent pas. Ceci n'est possible que par rapport à des personnes qui manquent de confiance en elle et, si vous avez subi ce genre de traitements, vous pouvez aisément y faire face car personne ne peut avoir d'emprise sur vous à moins que vous lui en donniez la possibilité et l'autorisation. La manipulation n'est donc possible qu'avec votre propre consentement.

La première réponse que je peux vous donner par rapport à cette question est que l'on peut bien sûr impacter les autres par les fréquences que nous émettons. Des sentiments d'amour émis vers une personne seront toujours mieux reçus que des sentiments de haine. Attention toutefois à ce que ces sentiments d'amour ne soient pas en réalité des sentiments cachés moins nobles comme la possession ou la jalousie. Dans tous les cas, nous émettons à chaque instant des vibrations que les autres captent. C'est pourquoi certaines personnes vont charmer facilement le sexe opposé car elles sont convaincues de leur pouvoir d'attraction et les autres reçoivent ce signal d'attirance. D'autres sont convaincus qu'ils n'ont pas de grande valeur ajoutée et que les autres n'ont pas vraiment d'intérêt à s'intéresser à eux et n'attirent donc naturellement pas.

Ceci est valable dans tous les domaines. Tout est vibration à chaque instant. Nous émettons et captons ces vibrations tout le temps. Nous baignons dans une masse d'informations qui nous arrivent dessus en permanence et il nous appartient de pouvoir en contrôler la mouvance grâce à notre attention. Nous avons surtout la responsabilité d'émettre les vibrations que l'on souhaite. Bien sûr, comme nous l'avons vu, la plupart de ces vibrations sont inconscientes, d'où l'intérêt de prendre conscience de ce pouvoir personnel et de diriger consciemment nos pensées et émotions sur ce que l'on veut vraiment.

La seconde partie de la réponse à cette question est que l'on ne peut forcer une personne à faire quelque chose. Chaque personne est dotée du libre arbitre qui lui permet de faire ses choix à sa façon. Donc si une personne est fermée à vous, elle n'autorisera jamais que vous puissiez agir sur elle. Cela ne vous empêche pas de pouvoir influer sur ses comportements de par vos propres vibrations mais si celle-ci est fermée à tout ce que vous pouvez lui donner, vous n'en tirerez rien. Si vous avez le sentiment d'être parfois manipulé, c'est uniquement dû au fait que vous autorisez cela. Peut-être que le manipulateur en question ne se rend même pas compte du pouvoir que vous lui donnez et agit naturellement. S'il a un réel pouvoir sur vous, il en profite, et encore une fois, cela peut être complètement inconscient.

Retenez donc que l'on ne peut qu'influencer les autres. Si l'on désire attirer certaines personnes dans notre vie, on ne peut qu'émettre ce souhait et les personnes ouvertes à cela viendront à nous. Si vous désirez rencontrer des personnes positives, émettez cette intention et toutes les personnes qui seront dans la même intention vibratoire seront amenées dans votre expérience. La vie est simplement magique et répond tout bonnement à ce que vous demandez de la meilleure des façons !

A présent, je souhaite aller plus loin sur ce sujet dont nous avions déjà parlé. C'est tellement important que je préfère répéter ce genre de messages. Influencer les personnes fonctionne exactement de la même façon qu'intervenir sur le cours des événements. Nous ne pouvons forcer l'univers à nous donner ce que l'on désire. Car l'univers sait précisément ce qui est le mieux pour nous. Et vous le savez également si vous avez appris à vous écouter vraiment. Mais l'on pense souvent avoir besoin de quelque chose, alors qu'en réalité, s'en passer reviendrait au même. On nourrit avant tout les besoins de l'égo alors que les besoins de notre Être sont souvent beaucoup plus simples. Donc ne vous formalisez pas outre mesure si vous n'obtenez pas ce que vous convoitez. Encore une fois, vous ne pouvez que tendre vers ce que vous désirez, et si l'univers estime que votre demande est juste et alignée, il y répondra favorablement. Dans le cas contraire, il vous enverra d'autres situations ou d'autres personnes destinées à vous ramener sur le bon chemin de vie.

PEUT-ON DEMANDER PLUSIEURS CHOSES A L'UNIVERS EN MEME TEMPS ?

La théorie veut que l'on puisse tout avoir. Tout ce que vous désirez se matérialise instantanément dans votre vie à la seconde où vous vous alignez sur tout cela. Certaines personnes lâchent prise sur le fait de gagner de l'argent par exemple et gagnent des sommes considérables juste après car elles ont levé les résistances qui s'y opposaient. Ceci est la loi du moindre effort qui s'illustre en adéquation avec la loi de l'attraction. L'énergie va toujours vers la voie la plus simple. Tout comme l'eau ou l'électricité. Ainsi, s'il y a des tensions entre vous et ce que vous convoitez, l'énergie n'ira pas dans cette voie. Vous pouvez littéralement vivre une vie dans l'abondance la plus totale, sur tous les plans, à condition d'être en alignement avec tout cela. A partir du moment où vous savez que vous devez passer par certaines étapes avant de pouvoir obtenir certaines choses, alors la vie entend ce message et vous envoie dans les directions que vous lui indiquez.

Pourtant, ce n'est pas aussi facile que cela. La théorie est simple. La pratique nous apprend que l'on a de nombreuses croyances limitantes et conditionnements que nous devons surpassez avant de pouvoir jouir de cette abondance sans limite. Le gâteau de la Vie est absolument illimité et chacun peut s'y servir abondamment. Mais notre capacité à nous servir peut être limitée par de nombreuses choses. C'est pourquoi l'on va vivre certaines expériences décisives tout au long de notre vie qui vont nous amener vers d'autres expériences et à des prises de consciences successives pour s'épurer, croître et tendre vers la vie que l'on désire et qui nous ressemble vraiment.

Donc demander plein de choses à l'univers en même temps est possible mais pas toujours recommandé car cela va vous emmener sur différents chemins et vous pourriez vite être perdu. Toutefois, la vie organise toujours les choses de la meilleure des façons pour nous. Ainsi, même en focalisant sur mille et une choses en même temps, elle vous emmènera vers ce qui est le plus juste pour vous. Vous serez alors amené à vivre des expériences dans un certain domaine pour comprendre que vous deviez apprendre certaines choses avant de pouvoir en vivre d'autres. C'est le cas typique de la personne qui cherche l'amour mais qui n'a pas appris à s'aimer elle-même auparavant.

Ensuite, vous pouvez focaliser sur une seule chose précisément et cela a bien des avantages. Il existe un principe disant que la dispersion des efforts amène à la dispersion des résultats. Ce dernier s'applique en énergétique. Plus vous focalisez votre attention sur un élément en particulier, plus vous mettez d'énergie, plus cette énergie sera concentrée, et plus vous verrez des résultats dans ce domaine en particulier. Les américains disent « Where attention goes, energy flow », ce que l'on peut poétiquement traduire par « Là où il y a de l'attention, l'énergie coule à foison ! ». Si vous êtes convaincu que vous devez avancer dans une certaine direction, alors focalisez toute votre attention dessus et la vie vous donnera ce qui est le plus juste pour vous, du point de vue de l'Être, pour vous permettre d'avancer dans cette voie.

Parfois, vous serez amené à vivre des expériences que vous jugez incohérentes car vous n'avez pas intégré certains principes fondamentaux vous permettant d'accéder à ce que vous voulez. Les domaines de l'argent et des relations sont souvent les plus complexes pour ces raisons-là. Notre éducation sur ces sujets est bien trop pauvre pour nous permettre d'obtenir ce que l'on veut sans passer par quelques expériences et challenges spécifiques, nous permettant d'intégrer certains principes essentiels.

En fin de compte, vous pouvez tout avoir en même temps, mais généralement, la vie vous poussera dans la voie qui est la meilleure pour vous et vous allez naturellement focaliser la majorité de votre attention sur un domaine spécifique.

QUELLES SONT LES AFFIRMATIONS LES PLUS PUISSANTES POUR APPLIQUER LA LOI DE L'ATTRACTION A LA PERFECTION ?

J'adore cette question et je suis sûr que vous en attendez beaucoup. Quelles sont donc les phrases magiques qui vous permettront d'attirer à vous ce que vous désirez vraiment ?

Premièrement, il n'y a pas de phrase magique. Il y a seulement des phrases qui résonnent en vous et d'autres moins. En revanche, je peux vous donner des formulations qui fonctionnent pour la majorité des gens et qui vont duper votre mental de façon à faire comme si vous aviez déjà ce que vous convoitez.

Retenez qu'il n'y a qu'une seule règle à respecter dans l'établissement de vos affirmations : celle que ces phrases vous fassent vous sentir bien. Si vous n'êtes pas pleinement satisfait quand vous vous répétez ces phrases, c'est qu'elles ne sont pas alignées avec votre être profond.

Voici donc quelques règles à respecter.

Votre affirmation doit toujours être au présent ou au passé comme si c'était déjà une réalité

Votre affirmation peut montrer une progression pour que ça ne soit pas trop agressif pour vous. Par exemple avec l'expression « de plus en plus » ou « de mieux en mieux ».

Votre affirmation doit contenir des émotions car l'émotion est le langage de l'univers

Vous pouvez y ajouter en toute fin « Ou quelque chose de mieux encore. ».

L'exemple le plus classique est celui de Emile Coué : « Je me sens de mieux en mieux à tout point de vue chaque jour. ».

Côté professionnel, vous pourriez opter pour *« Je m'épanouis toujours plus dans mon activité professionnelle pour mon plus grand bonheur. »*.

Pour vos désirs plus matériels : *« Je me sens magnifiquement bien maintenant que je conduis cette Ferrari, ou une voiture encore plus belle encore ! »*.

Et un désir spirituel : *« Je suis toujours plus connecté à moi-même et en paix au quotidien. »*

Je vais également vous donner ici quelques phrases qui me guident au quotidien et qui sont parfaitement adaptées pour être créateur à chaque instant.

« J'ai confiance, cela va s'arranger, l'univers se charge de tout régler pour moi, à chaque instant. »

« Tout s'arrange toujours pour moi. »

« J'ai hâte de découvrir comment tout cela va s'arranger à mon avantage. »

« La vie me sourit chaque jour un peu plus. »

« Je vis dans un monde d'abondance illimitée où tout m'est possible. »

« J'attire à moi toutes les circonstances favorables à mes projets et mon plein épanouissement. »

« Je suis le créateur à part entière de ma vie et je décide de vivre heureux chaque jour. »

« Je m'ouvre à la présence des miracles en ce jour. »

« La Force éternelle de l'Univers m'apporte toutes les personnes, situations, outils et idées nécessaires à l'accomplissement de tous mes projets. »

« Mes désirs sont en alignement avec les grandes forces de l'univers. »

Encore une fois, ces phrases sont à titre d'exemples et toutes ne vous conviennent certainement pas car nous sommes différents et vibrons différemment. Ainsi ce qui marche pour certaines personnes peut ne pas marcher pour vous et réciproquement.

Soyez à l'écoute de ce qui fait sens pour vous et créez les affirmations qui vous ressemblent vraiment.

QUELQUE CHOSE DE MAL ARRIVE DANS MA VIE, L'AI-JE VRAIMENT ATTIRE ?

Imaginez, vous rentrez chez vous après une journée difficile et votre femme ou votre ami vous annonce qu'il vous a trompé. Imaginez que vous commenciez la journée et qu'une voiture vous rentre demain alors que vous étiez prioritaire. Imaginez que vous vous brisiez les deux jambes en vous vautrant dans les escaliers chez vous. Imaginez que l'on pirate votre compte bancaire et que l'on vous pique tout votre argent. Imaginez tomber dans une embuscade et vivre le moment le plus détestable de votre vie...

Ces scénarios ne sont pas impossibles et certains vous sont peut-être déjà arrivés. Et si c'est le cas, vous avez certainement passer un très mauvais moment qui a pu avoir des répercussions importantes sur votre vie. La question que l'on peut se poser par rapport à cela est « l'avez-vous vraiment attiré ? ». La réponse est oui, sans aucun doute car la vie est uniquement vibration. Donc vous avez vibré, que ce soit consciemment ou non pour que cette situation se manifeste dans votre expérience de vie.

Pourtant, vous pouvez vous dire que non, que vous n'avez rien fait pour attirer cette catastrophe. Rappelez-vous que ce n'est pas dans le faire mais avant tout dans l'être. Votre être dans son ensemble vibre à chaque instant et attire des situations en conséquence. C'est la fameuse loi de cause à effet. Et il y a quelque chose de très important à tirer de cette question.

En réalité, peu importe que vous l'ayez attiré ou non. Vous pouvez le croire ou non, cela importe peu. Ce qui a vraiment de l'importance est que vous ne jugiez pas ces situations comme bonnes ou mauvaises. Elles sont, tout simplement. C'est votre réalité à un instant donné. Mais votre réalité peut être complètement différente en fonction de la perception que vous en avez.

Je connais tellement de personnes qui ont connu des expériences catastrophiques et qui se sont révélées être de véritables cadeaux de la vie. On a rarement le recul nécessaire sur les événements de notre vie pour pouvoir les apprécier pleinement. J'ai moi-même vécu des expériences terribles qui se sont révélées extrêmement bénéfiques par la suite. Si vous connaissez un peu mon histoire, vous savez peut-être que j'ai eu l'honneur de participer à des compétitions internationales. En 2010, alors que j'étais au sommet de mes capacités, j'aurais dû redevenir champion du monde. Tout était écrit et j'avais tout pour gagner aisément. Pourtant, alors que tout semblait être joué, tout s'est écroulé au dernier moment pour me laisser au pied du podium. La désillusion fut absolument terrible pour moi et j'en retirais quelques mois plus tard une des plus grandes leçons de mon développement personnel qui me mena sur l'expérimentation du moment présent et de la philosophie zen et taoïste.

Vous avez peut-être également pu suivre l'événement Success Days que j'ai créé avec mon associé Guillaume et qui a été un chantier colossal de plusieurs mois, nous faisant vivre des moments forts, parfois très éprouvants, nous obligeant à faire des virages à 90 degrés. Beaucoup de remises en question, de doutes, avec toujours la volonté d'en découdre et d'avancer. Pas une seule seconde, nous nous sommes dit que nous pourrions abandonner, même lorsqu'il nous restait seize euros sur le compte bancaire de la société avec encore d'énormes factures à régler. Pourquoi et comment est-il possible de rester positif et d'avancer dans ces moments-là ? Tout simplement en gardant en tête que rien de ce qui arrive n'est mal ou mauvais. Tout est là pour nous servir et notre alignement et notre volonté nous ont permis d'attirer à nous ce dont on avait besoin à chaque instant pour continuer et permettre à ce beau projet de voir le jour, réunissant des dizaines de personnes physiquement et permettant d'impacter des milliers de personnes en ligne.

Si votre mari ou votre femme vous quitte, c'est qu'il y a une raison évidente derrière tout cela et que cet événement est censé vous apporter de la matière pour que vous évoluiez personnellement. Si vous tombez dans un guet-apens, si vous avez un accident, si vous tombez malade, ou quoi que ce soit qui pourrait paraître négatif au premier abord, vous pouvez en tirer un cadeau et beaucoup de positif. La vie n'est pas là pour nous gâter en permanence. Elle nous met aussi à l'épreuve et fait parfois vivre des expériences éprouvantes mais à grand potentiel pour notre propre évolution. Gardez en tête que tout a un but, tout a une logique et que quoi que vous viviez, cette expérience est là pour vous aider à grandir et à prendre conscience de certaines choses essentielles pour votre propre bonheur.

Apprenez à prendre du recul sur votre vie et ce qui vous arrive. Oui, vous attirez à vous tout ce que vous vivez. Mais vous n'êtes pas seul non plus. Nous sommes en cocréation permanente dans ce monde. Dire que je crée ma réalité est vrai. Mais elle l'est encore plus si vous rajoutez les autres à cette équation. La vie est tellement complexe que l'on ne peut en comprendre les tenants et les aboutissants à notre petite échelle. Et chaque expérience est le fruit de l'interaction d'une multitude d'individus qui créent ensemble notre monde. Prenez de la distance par rapport à ce que vous vivez et tout vous paraîtra plus simple. Tout ne sera pas toujours limpide, vous ne comprendrez pas toujours le pourquoi de certaines situations, mais tout est là pour vous. Et je rajouterais que plus vous vivez des expériences éprouvantes et plus ces dernières contiennent les germes d'une évolution immense pour vous. Soyez à l'écoute des cadeaux que la vie vous tend, même s'ils ne sont pas toujours parfaitement emballés.

EST-CE QU'UNE PERSONNE CHARISMATIQUE ATTIRE PLUS FACILEMENT CE QU'ELLE VEUT ?

J'aurais tendance à répondre que non. Car tout un chacun peut attirer ce qu'il désire à condition de maintenir un bon état d'esprit et une ouverture sur le monde, sur les autres et sur soi-même. Toutefois, une personne charismatique est une personne qui sait s'affirmer. Elle a développé son égo et peut facilement affirmer ses idées et qui elle est vraiment.

Beaucoup de personnes souhaitent se débarrasser de l'égo. Or, il est vain de penser pouvoir le faire si on ne l'a pas fait grandir auparavant. Tout suit un cycle de croissance et de décroissance dans la vie, selon la loi des cycles. L'égo doit connaître son apogée avant de pouvoir être dilué par la conscience. Une personne charismatique est une personne qui a fait grandir son égo et qui est capable d'affirmer pleinement ses idées. Elle peut l'avoir dilué ou non, cela importe peu. Ce qui compte est l'affirmation de sa propre personne et de ses idéaux.

Les personnes que l'on qualifie de charismatiques le sont généralement naturellement mais le charisme se construit également. Et il passe par différentes phases. Et il est certain que plus vous vous affirmez dans la vie pour qui vous êtes et ce que vous désirez vraiment, plus vous allez attirer à vous ce que vous voulez.

Quelle est la condition essentielle, en parlant de loi d'attraction, pour attirer précisément ce que l'on veut ? C'est Être ! Tout commence par l'Être, suivi par le Faire, et enfin par l'Avoir. Tout ce que l'on obtient n'est qu'une conséquence de nos actions qui sont elles-mêmes une conséquence de qui l'on est. Donc plus vous vous exprimez pleinement, plus vous êtes authentique, plus vous vous affirmez pour qui vous êtes au plus profond de vous, plus vous allez attirer ce que vous désirez. Cela va irradier de vous, vous allez naturellement agir comme vous vous devez d'agir, faire les bonnes actions qui vous mèneront à ce que vous convoitez.

J'aimerais ici vous reparler de la loi du Karma que l'on a déjà traitée auparavant. La loi du Karma est la loi de cause à effet, aussi appelée loi de causalité, qui est une des lois fondamentales de l'univers. Tout effet à sa cause et toute cause produit des effets. A chaque instant, pour chacun d'entre nous, il existe une action spontanément juste qui exprime pleinement notre Être dans la matière. Vous pouvez vous demander à chaque seconde si ce que vous êtes en train de faire est précisément l'action la plus pertinente et la plus juste que vous pourriez être en train de faire. Et si vous êtes en train de réaliser cette action qui est pleinement en alignement avec qui vous êtes, alors la magie s'opère. Vous devenez charismatique, vous attirez comme un aimant et vous vous sentez magnifiquement bien et à votre place ici et maintenant.

C'est la magie de la vie. Etre charismatique revient à revenir à la simplicité. Faire taire le mental et revenir à l'Être. Soyez simplement vous-même. Exprimez-vous au maximum de ce que vous pouvez faire aujourd'hui. Et soyez simplement dans cette intention d'Être et de vous sentir bien ici et maintenant. Soyez dans l'intention d'être à votre place, de faire précisément ce que vous êtes venu faire sur cette belle planète. Nous avons tous ce potentiel en nous. Notre société nous bride de bien des façons. Mais c'est à l'échelle individuelle que nous pouvons créer le changement. Et c'est la somme des individus qui sont prêts à affirmer ce changement qui apporteront de vrais résultats profonds et durables. C'est ainsi que notre société évolue et sera transformé dans le futur. C'est la voie dans laquelle vous vous devez de tendre, cette voie qui vous tend les bras, qui vous dit d'être vous-même, de jouir de la vie, de vous amuser et de faire ce qui vous plait. Servez-vous de votre mental pour focaliser sur ce que vous désirez vraiment, ce qui a un sens véritable pour vous et faites toujours de votre mieux.

Vous deviendrez ainsi une personne charismatique qui ne se pose pas de question et qui est pleinement la meilleure version d'elle-même.

TOME 3

QUEL EST L'INGREDIENT ULTIME POUR ATTIRER CE QUE L'ON VEUT ?

J'adore ce genre de questions. Les gens adorent avoir les clés, les secrets, les savoirs que personne d'autre ne connaît, ou alors seulement une poignée de privilégiés. Ils veulent connaître les techniques avancées. Ils veulent devenir des maîtres en un rien de temps.

L'ingrédient ultime pour attirer ce que l'on veut... Y-en-a-t-il seulement un ? Difficile d'isoler la perle rare mais je pense qu'à travers ce livre, vous avez déjà de nombreuses idées pour pouvoir répondre à cette question. Et je ne vais pas pouvoir me limiter à un seul bien que ça soit possible. C'est d'ailleurs la suite logique de la question précédente sur les personnes charismatiques.

Si l'on devait isoler un seul ingrédient pour attirer précisément ce que l'on veut, ce serait d'Être. Etre soi-même tout simplement. Toutefois, en étant pleinement soi et en ne faisant rien d'autre, on n'attire pas forcément ce que l'on veut mais ce dont on a besoin. Et en réalité, c'est ce dont vous devez vraiment prendre conscience. Le seul paramètre que vous maîtrisez dans la vie, c'est qui vous décidez d'être et ce que vous décidez de faire par rapport à votre situation actuelle.

Si vous pensez maîtrisez ce qui arrive dans votre vie, vous vous mettez le doigt dans l'œil ! Vous ne maîtrisez rien du tout. Vous ne pouvez que suggérer à l'univers certaines choses. Vous ne pouvez que tendre dans une certaine direction. Il est vain de penser que vous avez le pouvoir d'obtenir précisément tout ce que vous voulez.

En réalité, c'est possible à condition d'être pleinement aligné, c'est à dire, que vous soyez pleinement vous-même et que chacune de vos actions soient justes et en accord avec la loi du karma. Et ceci est hautement improbable si vous lisez ces lignes car cela signifie que vous cherchez des réponses que vous n'avez pas encore trouvées.

Cela demande du temps et beaucoup d'expérience dans la vie avant de pouvoir incarner pleinement qui l'on est à chaque instant. Et si c'est votre cas, vous êtes alors un être éveillé.

Donc, à partir du moment où l'on est ici pour évoluer, la vie va nous apporter des expériences et des situations destinées à nous faire évoluer. En revanche, ce que l'on souhaite n'est pas toujours cohérent du point de vue de notre évolution. Et c'est pourquoi on n'attire pas toujours ce que l'on désire mais plutôt ce qui est nécessaire à notre évolution ainsi qu'à ce pour quoi on est venu sur Terre.

Tout ce que j'exprime ici est pointu. Penser que vous allez attirer précisément tout ce que vous désirez du jour au lendemain est une illusion. Vous devez apprendre à être avant tout.

Ensuite, il y a les notions d'intention et d'engagement. C'est d'une part l'intention de vouloir être pleinement vous-même et d'attirer tout ce qui est nécessaire à votre évolution et à l'accomplissement de vos rêves. Et d'autre part, l'engagement de s'y tenir. Si vous n'émettez pas d'intention précise aujourd'hui pour devenir la meilleure version de vous-même à chaque instant, cela peut compromettre vos plans. Et si vous n'êtes pas engagé à 100% dans cette quête, vos résultats seront forcément dilués parmi toutes vos intentions et activités.

Ces lignes sont certainement les plus importantes de ce livre. Ne les prenez pas à la légère. Je suis sincèrement heureux de pouvoir vous transmettre cela ici. Il y a tant de fausses croyances liées à la loi de l'attraction. Mais on ne peut parler de loi de l'attraction sans parler des autres lois. Nous parlons d'équilibre, de karma, de la moindre résistance, des cycles, et j'en passe. Tous ces éléments fonctionnent ensemble et en harmonie pour vous apporter tout ce dont vous avez besoin.

Parfois, on pense vouloir quelque chose du plus profond de notre être alors que l'univers a prévu autre chose pour nous. Ainsi, on n'obtiendra pas toujours ce que l'on désire car nos désirs peuvent être incohérents dans le plan divin (ou appelez-le comme vous voulez).

Voici un exemple pour illustrer cela. Lorsque j'ai organisé avec mon associé notre événement Success Days, nous avions une superbe vision. Nous étions alignés, c'était un projet de cœur où nous souhaitions promouvoir une définition nouvelle du succès, loin de celle de notre société. Nous avions prévu plein de belles choses et étions enthousiastes ! Pourtant, on a pris claque sur claque de la part de l'univers qui nous a remis dans le droit chemin. Cela a été très challengeant pour nous car beaucoup de remises en question ont été nécessaire, ainsi que beaucoup d'adaptation et de changements.

Dans ce cas, on se doit d'être réceptif et ouvert au meilleur qui puisse arriver. Ce projet devait se passer mais pas sous la forme que nous avions imaginée. Et la vie nous a amené progressivement à des prises de conscience pour que l'on change certains paramètres essentiels à la réussite du projet.

Ce genre de scénario, vous en vivrez. Vous en vivez certainement déjà. Plus vos projets sont grands, plus vous avez de hautes ambitions, et plus vous risquez de faire face à des retournements de situations. Car on ne peut tout contrôler. On peut simplement donner le meilleur de soi à chaque instant pour tendre dans la direction qui nous semble la meilleure.

DOIT-ON EQUILIBRER SES CHAKRAS POUR ATTIRER CE QUE L'ON VEUT ?

Voilà une question bien complexe. Que signifie vraiment équilibrer ses chakras ? Sans entrer dans les détails, cela signifie retrouver un équilibre énergétique. S'il y a un équilibre énergétique, c'est que vous êtes au clair avec vous-même et que vous pouvez avancer librement dans votre vie. Ainsi, équilibrer ses chakras peut être une étape très utile dans ce processus.

Toutefois, encore une fois, il n'y a pas de condition à mettre sur votre capacité à attirer. Vous attirez naturellement tout ce qu'il y a de meilleur pour vous. Mais ce n'est pas forcément le « meilleur » que vous aviez en tête. Le meilleur du point de vue de votre évolution personnelle peut être de vivre des expériences très désagréables dans un domaine pour vous faire prendre conscience de certaines choses essentielles que vous auriez oubliées.

Le fait d'équilibrer ses chakras va faire circuler correctement et harmonieusement l'énergie en nous et ainsi vous procurer un bien-être notable. Ce bien-être sera donc à l'origine de belles vibrations et vous attirerez donc plus facilement ce que vous désirez. D'une façon générale, vous aurez plus de facilités à trouver votre voie et à définir les actions justes à mettre en place. Et vous vous sentirez à votre place !

Equilibrer ses chakras est donc nécessaire mais cela peut se faire de façon complètement inconsciente. Ce qui est génial, c'est que si vous faites confiance en la vie pour avancer de la meilleure des façons, l'univers vous enverra des situations, des expériences, des outils ou encore des personnes vous permettant d'équilibrer vos chakras sans que vous mettiez d'attention spécifique sur ce sujet.

J'imagine que vous souhaitez avoir des moyens pour le faire. Avant tout, je vous invite à être dans l'intention d'être équilibré et de vous sentir bien à chaque instant. La vie vous donnera par conséquent le nécessaire pour que ce soit le cas.

Concernant l'équilibre des chakras spécifiquement, nous avons à notre disposition une banque de données incroyable qui s'appelle Youtube et qui permet de faire des méditations et des visualisations absolument géniales pour harmoniser ses chakras. Pour cela, je vous laisse faire vos propres recherches mais je vais simplement vous donner la base pour faire les bons choix. Vous devez toujours commencer par travailler sur les chakras inférieurs, en commençant par le chakra racine et en remontant progressivement jusqu'au chakra couronne. Par travailler, j'entends porter votre attention ou faire un exercice spécifique. Ceci est vital car si vous commencez par les chakras du haut, la transition vibratoire peut être trop importante et vous ne tirerez pas le bénéfice total de ces méditations et exercices. Pire, cela peut vous causer du tort et vous faire vivre des expériences que vous n'êtes pas prêt à vivre.

Ensuite, vous pouvez faire appel aux couleurs, aux sons, aux pierres car chacun de nos chakras est associé à un élément en particulier. Enfin, vous pouvez vous tourner vers un praticien énergétique comme le Reiki, le magnétisme ou toute pratique de guérison que vous connaissez et qui vous attire. Ceci vous fera prendre des raccourcis en travaillant directement sur votre corps énergétique où sont situés les chakras. Agir sur nos différents corps permet de se sentir mieux dans notre corps physique et ainsi d'attirer toujours plus facilement ce que l'on désire vraiment.

Dans tous les cas, la méditation et la pleine conscience vous aideront à être équilibré dans votre vie. Et si vous êtes dans cette intention pure de vouloir vous sentir bien au quotidien, alors naturellement, la vie vous présentera tout ce dont vous avez besoin de faire pour que ce soit le cas.

Vous pouvez également vous tourner vers la philosophie du minimalisme qui nous renvoie à se séparer de certaines choses plutôt que d'en ajouter. Ainsi en changeant vos habitudes, vous pouvez retrouver un équilibre ou enlever ce qui vous empêche de l'avoir. Les toxines de votre alimentation ou encore les ondes qui vous bombardent chaque jour peuvent être des freins. Vous pouvez facilement apprendre à vous en protéger.

LA PLEINE CONSCIENCE AIDE-T-ELLE A APPLIQUER LA LOI DE L'ATTRACTION ?

La pleine conscience est cette capacité que nous avons tous à vivre dans le moment présent, vivre ici et maintenant. Nous sommes naturellement dans la pleine conscience mais on apprend rapidement à se servir de notre esprit qui peut naviguer à sa guise dans le passé et dans le futur. Dans notre société actuelle, beaucoup d'entre nous vivent dans les regrets du passé ou dans les soucis du futur. Et ceci déconnecte littéralement de l'ici et maintenant où se passe la vie tout simplement. Le seul instant qui existe véritablement est le présent. Hier n'existe plus, demain pas encore. A quoi bon se focaliser sur des choses qui n'existent pas ? Surtout si c'est pour se focaliser sur des éléments désagréables qui nous font nous sentir mal...

La pleine conscience permet de retrouver ce moment présent en vivant pleinement notre vie ici et maintenant. Et toute notre capacité à attirer ce que l'on souhaite se passe dans cet instant. C'est également la loi du moindre effort qui nous apprend à vivre dans le moment présent. Tout ce sur quoi nous mettons des tensions nous parvient plus difficilement, voire pas du tout. C'est comme un barrage qui empêcherait le cours normal d'une rivière. Cela fonctionne de la même façon avec l'énergie. Si vous mettez des obstacles en travers du chemin naturel que devrait prendre l'énergie que vous émettez, alors elle prendra un autre chemin et n'arrivera peut-être jamais à la destination que vous souhaitiez.

C'est ainsi que certaines personnes émettent certaines vibrations et leur contraire en même temps. Par exemple, je peux vibrer l'abondance financière tout en étant frustré de ma situation actuelle. Dans ce cas, il n'y a aucune raison que ma situation change puisque mes fréquences sont encore réglées sur ma frustration. J'attirerais donc toujours plus de cette frustration, qui n'est autre qu'un blocage que l'on place soi-même.

La loi de l'attraction fonctionne de pair avec la loi du moindre effort qui se met en pratique par le lâcher-prise. Chaque moment de notre vie où nous ressentons une tension, qu'elle soit physique ou émotionnelle, c'est qu'il y a un blocage. Beaucoup ignorent encore qu'une douleur physique ou une maladie sont des signaux que nous envoie notre corps afin de nous avertir que quelque chose ne tourne pas rond en nous. Nous avons le choix d'écouter ou d'ignorer à chaque instant. Ou encore de masquer les symptômes, ce que la plupart des gens font en prenant un doliprane pour masquer la douleur ou encore de mettre des crèmes à n'en plus finir pour cacher la misère de la peau. Si vous faites partie de ces personnes, vous savez au fond de vous que ce que vous faites ne fait pas guérir. Certaines personnes mettent des crèmes toute leur vie pour des résultats qui sont rarement à la hauteur de leurs espérances. Libre à vous comme toujours. Ceci n'est qu'une affaire de choix. Mais avec un minimum de recul sur ce genre de situation, on se rend compte que ce n'est pas en traitant la gêne physique que l'on arrive à nos fins. Il y a beaucoup plus efficace. Et c'est là que nous pouvons aller à l'origine de nos problèmes, en traitant les causes par un travail sur soi-même ou encore des soins énergétiques.

Tout cela pour dire que tout ce que vous avez à faire dans la vie est de vivre pleinement ici et maintenant, en pleine conscience de qui vous êtes et de votre environnement. C'est quelque chose qui devrait tellement être naturel que c'est une hérésie d'en parler dans un livre comme si c'était une révélation. Ça n'en est pas une. Vous le savez au fond de vous. Vous savez que le seul moment qui existe est le présent ici et maintenant dans la nanoseconde exacte où vous lisez cette ligne. Passez à la ligne suivante et le moment où vous lisiez la ligne précédente n'existe plus. Pourtant, on a tendance à rester attaché à ce que nous vivons. Et c'est bien d'une certaine façon. Notre passé est un trésor que nous devons garder. Il est toute notre expérience de vie, il est ce qui nous a construit pour devenir la personne que nous sommes. Grâce à notre passé, nous savons ce qui marche pour nous et ce qui ne fonctionne pas. Nous savons ce qui nous rend heureux et ce qui ne contribue pas à notre bonheur. Nous savons énormément de choses. Mais encore faut-il le prendre de cette façon et l'utiliser intelligemment. En réalité, le passé sert simplement à ne pas répéter nos erreurs et à continuer à croître de la meilleure des façons dans la direction qui nous tient à cœur.

Donc oui, la pleine conscience est véritablement une aide précieuse pour appliquer la loi de l'attraction à notre avantage. Et je précise un point important ici. Lorsque vous focalisez sur le futur, sur quelque chose que vous désirez vraiment, si vous vous sentez bien en faisant cet exercice, c'est que vous êtes bien ici et maintenant dans le moment présent. Et dans ce cas, vous appliquez à merveille tous ces principes. S'il n'y avait qu'une seule règle à retenir de tout ce que vous intégrez ici, ce serait de vous sentir bien ici et maintenant, dans le moment présent. Et pour cela, vous pouvez plonger dans le passé si ça vous chante, vous remémorer des moments extraordinaires, vous pouvez visualiser un futur qui vous enchante, ou vous pouvez simplement être. Car en étant pleinement vous-même ici et maintenant à apprécier la vie, à goûter à sa profondeur subtile, vous y découvrirez tous les délices qu'elle a à vous offrir. Vous serez ainsi dans une attitude où les barrières et les obstacles n'existent plus et vous pourrez faire circuler l'énergie à foison en direction de ce que vous désirez vraiment.

COMMENT FOCALISER SUR QUELQUE CHOSE SANS EN RESSENTIR LE MANQUE ?

Voilà un sujet dont nous avons parlé plusieurs fois au cours de cet ouvrage et je souhaitais refaire un point particulier là-dessus avant de terminer ce livre. En réalité, c'est le vrai challenge concernant la loi de l'attraction. Toutes les personnes qui en prennent conscience et essaient de l'appliquer font face à ce problème de façon inconsciente. Elles pensent demander quelque chose de précis à l'univers alors qu'en réalité elles demandent l'inverse. Car le langage de l'univers est l'énergie, et l'énergie est transmise par nos émotions et croyances qui sont induites par nos pensées.

Si vous cherchez à contrôler le monde extérieur, à dicter à l'univers ce qu'il doit vraiment faire, vous allez faire face à un mur ! Vous n'êtes pas en mesure de dicter quoi que ce soit. Vous pouvez seulement exprimer votre alignement avec des objectifs, projets ou désirs concrets qui ont du sens pour vous et qui vous semblent juste. Si l'univers sent que vous êtes aligné avec cette demande, il y répondra favorablement en vous envoyant tout le nécessaire pour que vous avanciez dans cette direction.

Quand je parle d'univers ici, c'est pour exprimer le principe physique de la loi d l'attraction. Deux fréquences vibratoires de même nature s'attirent irrémédiablement. Votre demande est branchée sur une fréquence particulière et attirera à elle des fréquences similaires. Ceci est naturel et si vous n'attirez pas ce que vous désirez vraiment dans votre vie, cela peut être pour l'une de ces trois raisons :

- Vous interprétez mal les signes.
- Vous émettez les mauvaises fréquences.
- Vous avez une attitude qui n'est pas propice à la réussite.

Comme vous le savez maintenant, la réussite commence en se sentant bien. Et finit en se sentant bien ici et maintenant et à chaque instant. Si cette règle n'est pas respectée, vous risquez d'attirer la foudre. Si vous me dites aujourd'hui vos objectifs et que vous ne vous sentez pas bien dans votre vie, alors arrêtez tout et reprenez à zéro. La base est qu'en focalisant sur vos objectifs, vous vous sentiez bien car vous savez que vous êtes sur la bonne voie, à votre place et qu'ils vont se matérialiser à coup sûr.

Alors comment faire précisément pour ne pas ressentir le manque ou tout simplement ne pas émettre de vibrations basses quand vous focalisez sur ce que vous voulez ? Il vous faut un objectif en lequel vous pouvez croire ! Si je vise de gagner un milliard d'euro par mois, à quoi vais-je vraiment penser ? A l'impossibilité ! Car je suis beaucoup trop loin aujourd'hui de cet objectif-là. Et ceci peut même me sembler ridicule de penser à ça tellement c'est hors de ma zone de confort. Le but du jeu est de sortir de votre zone de confort tout en restant dans la capacité physique et émotionnelle de les réaliser.

Si vous visez des objectifs qui vous paraissent possibles et atteignables, alors cette notion de manque n'a pas de raison d'être. En agissant concrètement en direction de ces derniers, vous vous dirigez directement vers cette destination. La vie vous enverra alors tout ce dont vous avez besoin pour avancer mais retenez bien que ce n'est pas toujours ce à quoi vous pensiez au premier abord. Si la vie vous envoie des épreuves à surmonter, c'est qu'elles sont nécessaires à votre propre évolution et votre propre alignement. Ce n'est pas parce que vous pensez être pleinement aligné entre qui vous êtes et ce que vous faites que votre vie va se transformer en long fleuve tranquille où tout vous arrive tout cuit dans la bouche. Nous sommes tous ici pour croître et ce procédé peut se faire en douceur ou dans la douleur en fonction des situations.

D'une façon générale, plus vous accueillerez tout ce qui se présente à vous de manière positive, et plus la vie sera clémente avec vous. Mais au-delà de ça, cette attitude va vous faire vivre tout type de situations avec beaucoup plus de légèreté que la personne qui subit de plein fouet et se demande pourquoi diable elle attire autant de malchance dans sa vie. La chance et la malchance ne sont que des illusions. La réussite et l'échec également. Il n'y a que des expériences que vous vivez quotidiennement et qui vous font grandir toujours plus.

POURQUOI LES OBSTACLES APPARAISSENT-ILS QUAND ON DEVIENT POSITIF ?

Voilà une question qui m'amuse beaucoup. Certaines personnes se demandent pourquoi les obstacles apparaissent quand on devient positif. Et c'est une très bonne question. En réalité, ce n'est pas le fait d'être positif qui fait apparaître les obstacles mais le fait le changer. Si cela fait des années que vous vivez dans les mêmes schémas et les mêmes habitudes, alors il est tout à fait normal que la vie se soit déroulé normalement jusque-là. A partir du moment où vous enclenchez le moindre changement, tout l'univers conspire à vous aider dans cette voie. Et cela se matérialise par plein de nouvelles situations, épreuves, personnes qui viennent à vous sans que vous ayez rien demandé. Ceci est la magie de la vie. Vous n'avez pas grand-chose à faire en réalité. Lorsque vous prenez une décision, lorsque vous commencez à changer, tout change autour de vous de façon instantanée. Qu'est-ce qui se passe concrètement dans ces moments-là ? Vous changez simplement de vibration. Vous vous branchez sur de nouvelles fréquences qui vont donc vous apporter, par la loi de l'attraction, des expériences et situations de même nature. Vous voyez bien que vous attirez tout le temps ce genre d'événements sans même en avoir conscience !

Ceci étant dit, pourquoi vivons-nous des obstacles ? Evidemment, lorsque vous changez, vous allez rarement être pleinement à l'aise avec ces nouvelles habitudes ou comportements que vous mettez en place. Cela passe par toute une phase d'acclimatation. Pendant ce temps-là, l'univers va vous tester, essayer de voir si c'est bien ce qui vous convient, si vous avez la capacité de rester sur ces nouvelles fréquences sur le long terme. Il va donc venir vous challenger, vous proposer des expériences que vous n'avez pas l'habitude de vivre et vous faire sortir de votre zone de confort.

Vous vouliez du changement ? Vous voilà servi ! Et c'est ce qui vous attend si vous mettez en place certains conseils de ce livre. Vous allez commencer à vivre des expériences différentes et parfois même déroutantes. Vous allez être mis à l'épreuve.

Mais vous devinez bien que je ne vais pas m'arrêter là dans ma réponse car il y a un mot interdit dans cette question. C'est le mot « obstacle » qui fait référence au négatif. Je pense que vous êtes désormais bien au clair sur ces notions de bien et de mal. Rien n'est positif ou négatif du point de vue de l'Être. Tout est, tout simplement. Mettez fin à tous vos jugements. Ça n'a aucun sens de juger notre personne ou ce qui nous entoure à partir de notre petite fenêtre où l'on ne voit rien ! On est littéralement aveugle et on se permet de décrire le tableau. On va juger une personne sur ce qu'elle dit ou sur ces actes sans avoir la moindre idée de ce qui se passe en elle, de ce qu'elle pense vraiment. On va dire d'un événement qu'il est négatif, voire tragique, sans même savoir ce qu'il s'est passé avant et ce qu'il se passera après. Vous sauriez tout sur tout, vous pourriez mettre des étiquettes et juger. Vous seriez un dieu omniscient, cela ne poserait pas de problème car votre point de vue serait holistique et fondé sur une véritable connaissance. Mais tout ce que je sais, c'est que je ne sais rien, comme disait Socrate. Et ceci est valable pour chacun d'entre nous, bien entendu.

Alors oubliez ces mots de positif et de négatif. Il m'arrive de les employer pour illustrer certaines idées mais c'est à chaque fois une étiquette de plus qui n'a aucun sens. Ce qui vous arrive n'est jamais positif ou négatif. Cela peut vous faire vous sentir bien ou mal. Si c'est bien, alors tant mieux, surfez sur la vague, profitez de ces belles énergies et multipliez-les au maximum et faites-en profiter à toutes les personnes que vous croiserez. Si c'est mal, alors faites tout votre possible pour inverser la vapeur et faire en sorte de tirer le meilleur de cette expérience. Si la situation devient vraiment compliquée à gérer et remet en cause certaines de vos actions ou ce que vous pensez, alors essayez de comprendre pourquoi. Scindez vos questionnements en différents segments, réfléchissez-y pas à pas et voyez comment vous pourriez tirer tout le positif de cette situation. Et surtout, surtout, vivez pleinement le moment présent qui vous est offert. Car le moment présent est toujours rempli de cadeaux à chaque instant dont on peut jouir sans limite ! C'est à vous de garder cette attitude centrée sur l'instant et sur ce que vous désirez vraiment.

Lorsque vous vous sentez mal, c'est que vous êtes déconnecté du moment présent. C'est qu'un fait arrive dans votre vie et vous vous projetez dans le passé ou le futur l'interpréter. Vous allez alors lui apposer une étiqueter en fonction de ce que vous savez qu'il s'est passé ou va arriver. Alors qu'en réalité, ce jugement est complètement subjectif. Vous ne savez qu'une toute petite partie de la Vérité et vous vous êtes construit la vôtre à partir de votre petite fenêtre.

Réapprenez dès à présent à vivre ici et maintenant, positivement, et vous n'aurez plus jamais à vous soucier des obstacles.

COMMENT L'UNIVERS INTERPRETE-T-IL CE QUE JE DEMANDE POUR ME LE RENVOYER ?

Nous arrivons bientôt au terme de cet ouvrage et afin que ce soit très clair pour vous, je souhaitais revenir sur ce point fondamental de comment l'univers interprète nos demandes. Tout est lié dans l'univers. Tout est un. Le sentiment de séparation est une illusion incroyable. Sur le plan physique pur, nous pouvons être séparés mais sur les plans plus subtils, chaque chose est reliée aux autres. Nous sommes tous une partie du grand tout. Ainsi, nous sommes tous la même chose. Ce que je vois en vous est mon propre reflet. Ce que je vois autour de moi est le miroir de ce qui se passe en moi. A chaque instant, ce que vous voyez est tout simplement qui vous êtes. C'est pourquoi deux personnes vivant la même expérience la vivent de façon complètement différente car cette dernière n'est que le reflet de ce qu'il y a dans chacune d'entre elles. Et c'est pourquoi nous disons également que le monde extérieur est le reflet de notre monde intérieur. C'est pourquoi le Yin est compris dans le Yang et réciproquement, alors que tout les oppose. L'univers est absolument magnifique car il nous montre à chaque instant ce qu'il y a en nous-mêmes et nous propose tout ce qu'il y a de mieux pour aller là où on veut vraiment.

Ainsi l'univers répond à nos demandes de la façon la plus simple qui soit. Il reçoit votre intention et y répond naturellement. Soit l'intention est alignée avec qui vous êtes et empreinte de belles énergies et il vous donnera instantanément ce que vous désirez. Soit il estime que ce n'est pas encore très clair en vous et il va vous proposer une série de tests, d'épreuves à surmonter, qui vous permettront d'affiner votre demande et de vous aligner sur ce que vous désirez vraiment. Dans tous les cas, l'univers vous donne ce dont vous avez besoin pour continuer votre chemin. Vous devez lui faire confiance autant que possible. Cela s'appelle la foi. Si vous pouvez développer la foi que tout ira toujours pour le mieux pour vous, alors votre vie va en être transformée. C'est comme cela que le Success Days a pu voir le jour, grâce à notre foi. Je vous assure que beaucoup de faits auraient pu nous faire abandonner et auraient fait abandonner bien d'autres personnes à notre place. Cela ne fait pas de nous des personnes meilleures, simplement des personnes qui ont foi en la vie. Il y a également cette part de folie qui accompagne la foi, et qui, dans un monde comme le nôtre, est nécessaire pour continuer à avancer quand tous les feux sont au rouge. Mais on a su changer de route pour prendre des sentiers jamais parcourus et qui nous ont menés, certes plus lentement mais certainement, vers ce que l'on voulait vraiment. Et vous pouvez faire ceci à chaque instant. Quelle est votre destination et quel chemin décidez-vous de prendre pour vous y rendre ?

Voilà un point essentiel. La foi est important mais elle est accompagnée d'un élément à ne pas sous-estimer qui est le libre-arbitre et qui concerne le choix de ce fameux chemin. Certaines personnes choisissent d'œuvrer pour le mal d'une certaine façon en montant des projets diaboliques, en tuant, en vendant des armes, etc. C'est un choix. Il n'a pas à être jugé de notre petite fenêtre encore une fois et ces choix créent un équilibre dans la vie. S'il n'y avait pas d'ombre, la lumière n'existerait pas dans un monde duel comme le nôtre. C'est tout le charme de la troisième dimension qui nous offre toutes ces possibilités d'expérimentation dans la matière.

Dans tous les cas, l'univers répond à toutes nos demandes favorablement. Mais tout dépend de comment est formulée votre demande, si vous vous sentez bien avec cette dernière. Nous pouvons parler de demandes très basiques comme gagner plus d'argent et cela peut être également de construire des projets à l'échelle planétaire pour le bien commun de tous les terriens. Cela peut être lié à des domaines très peu explorés comme apprendre à voler, à cultiver son énergie différemment, à dormir beaucoup moins, ou tant d'autres domaines. L'univers nous donnera toujours matière à explorer la nouveauté si l'on est aligné avec cette demande. Les exemples que je donne ici vous paraissent peut-être loufoques mais peu importe. Si vous envoyez ces intentions, l'univers vous répondra. Il vous donnera des pistes pour creuser cela, il vous donnera des conseils et des expériences dédiées à votre propre alignement et à la concrétisation de ce que vous désirez. Pour inventer les avions, il a bien fallu que quelqu'un souhaite voler. Certaines personnes aujourd'hui ne se nourrissent plus de nourriture physique et vivent merveilleusement bien. Il y a des personnes qui vivent avec des règles différentes de la majorité des gens. Cela ne les empêche pas de réaliser ce qu'ils désirent également car l'univers ne juge pas. L'univers répond simplement à nos demandes grâce à la loi de l'attraction et à toutes les autres lois dont je vais vous donner un aperçu par la suite.

Retenez ici que le langage de l'univers est l'énergie, principalement créée par vos émotions et vos croyances. Soignez vos demandes et vos intentions et la Vie vous donnera tout le nécessaire pour les concrétiser. Tout ce pour quoi vous vibrez se verra attirer dans votre existence. En parallèle de tout cela, je vous ramène à la question sur le taux vibratoire afin d'augmenter le vôtre et pouvoir attirer naturellement des choses qui sont uniquement de vibrations élevées.

TOME 3

NOS DEMANDENT DOIVENT-ELLES ETRE « JUSTES » ? Y-A-T-IL ALORS UNE SORTE DE MORALE UNIVERSELLE ?

Voilà une question absolument passionnante à laquelle je vais me faire un plaisir de répondre et qui va directement à la suite de la précédente. L'univers ne juge pas nos demandes. Pourtant, il se pourrait qu'il y ait une sorte de morale universelle...

En réalité, et c'est là qu'on se rend compte à quel point l'univers est bien fait, les hautes vibrations ont bien plus de puissance que les basses vibrations. Ainsi, l'amour triomphe toujours sur la haine. Une pensée empreinte d'amour est largement puis puissante qu'une pensée empreinte de haine.

Pourtant, la colère est également un sentiment très puissant, moteur d'action et porteur de résultats. Mais elle n'est rien face à l'amour. Car tout ce qui se retrouve englobé d'amour devient amour. La haine ne peut survivre dans l'amour. Cela me fait penser à cette histoire où un jeune garçon pleurait toutes les nuits car il faisait des cauchemars. Ces parents ne savaient plus quoi faire et l'emmenèrent voir un spécialiste du sujet. Ce dernier fit un miracle en racontant au petit que les monstres n'étaient autres que ses amis et étaient là pour l'aider. A partir de la nuit suivante, le petit put dormir comme un loir puisqu' il avait changé sa façon de voir les monstres qui l'entouraient.

J'ai entendu plusieurs récits de personnes étant « attaquées » par des entités maléfiques (pensez-en ce que vous voulez, c'est simplement pour illustrer). Ces personnes se retrouvent souvent démunies en essayant tout ce qui est possible. Et ce qui permet à ces personnes de se libérer est de se mettre dans un sentiment d'amour vis-à-vis de ces êtres. Cela peut être fait par des pratiques énergétiques également car l'énergie pure, qui est amour, va faire fuir ce qui est de basse fréquence.

D'une façon générale, tout ce qui est de basse fréquence ne peut survivre dans un environnement élevé énergétiquement. Ainsi, plus vous focalisez votre attention sur l'amour, la joie et la gratitude et plus vous imprégniez chacune de vos pensées et cellules de ces merveilleuses vibrations.

Cela ne signifie pas que vous ne puissiez émettre d'intentions dites négatives. Vous pouvez tout à fait émettre le souhait de faire du mal à une autre personne ou de détruire quelque chose. Vous pouvez entrer dans ces sphères-là qui possèdent de basses vibrations, mais vous subirez le retour de bâton à un moment ou à un autre. Car la vie est justice et la loi du karma vous rattrapera pour que les causes dont vous êtes l'origine et les effets qu'elles auront créées vous soient naturellement rendues. J'adore particulièrement ce proverbe chinois disant « *Si quelqu'un t'a fait du mal, ne cherche pas à te venger. Va t'asseoir au bord de la rivière et bientôt tu verras passer son cadavre.* ». Il est un peu glauque, je vous l'accorde, mais très juste ! Je vous invite vraiment à être dans cette vibration d'amour et de lâcher-prise. Si quelqu'un vous fait du mal, ne vous servez pas des mêmes armes que cette dernière pour vous venger. Et d'ailleurs ne cherchez pas à vous venger du tout. Si cela arrive, c'est que vous l'avez attiré ou que la vie cherche à vous tester. Ne rentrez pas dans la réaction évidente qui serait la voie de l'égo et non celle du cœur.

D'une façon générale, plus vos pensées, actions, émotions, croyances seront issues du cœur et empreintes de belles énergies, plus vous vivrez dans un monde qui est beau. Le monde extérieur est le reflet de votre monde intérieur. Vous pouvez littéralement vivre une vie de rêve alors que des personnes vivant au même endroit que vous, avec la même situation sociale, pourraient être malheureuses. Tout dépend ce sur quoi vous focalisez votre attention et les fréquences sur lesquelles vous décidez de vous brancher au quotidien.

Ainsi, l'univers supportera bien plus aisément des intentions issues de l'amour que celles issues de la haine ou de la peur. Mais elle y répondra également. Si vos pensées liées à l'argent par exemple sont à 99% de l'ordre du manque et de la frustration, et que vous émettez une toute petite intention sur le fait de vivre dans l'abondance, vous récolterez le manque et la frustration. L'univers est avant tout logique et répond à des lois physiques naturelles qui sont là pour vous aider personnellement à chaque instant. Si vous vous sentez mal dans votre vie aujourd'hui, c'est que votre chemin et vos choix passés vous ont conduits jusque-là. Vous savez aujourd'hui que vous pouvez en changer facilement.

Cela prendra peut-être du temps. On ne fait pas des virages à 180 degrés sans que cela crée des conséquences immenses dans sa vie. Si vous voulez changer, vous devez être prêt au changement, vous devez être prêt à vivre des expériences différentes et vous devez être prêt à lâcher-prise, à vous abandonner au meilleur, à vivre avec la foi que tout ira bien pour vous et que l'univers est là pour vous aider à chaque instant.

KARMA ET LOI DE L'ATTRACTION : QUEL RAPPORT ET QUELLES REGLES SONT A RESPECTER ?

Nous y voilà. Je vous ai parlé de cette loi à plusieurs reprises et je vais faire la lumière sur cette loi des plus importantes sur laquelle j'ai consacré toute une conférence il y a quelques temps. Si cela vous intéresse, vous pouvez toujours me contacter. Je vais ici vous donner les grandes lignes et pourquoi vous devez y accorder votre attention.

La loi du karma est une loi de cause à effet que l'on confond parfois avec la loi de l'attraction.

La loi de l'attraction dit seulement que deux fréquences vibratoires de même nature s'attirent irrémédiablement. Et étant donné que nous sommes des êtres vibratoires, c'est-à-dire que notre être vibre, ainsi que nos organes et notre ADN, alors nous attirons précisément ce que nous vibrons grâce à cette loi. Comme vous le savez, notre cerveau permet de focaliser notre attention sur ce que l'on souhaite, de façon à émettre des fréquences vibratoires précises dans l'univers, et ainsi en recevoir de même nature en retour.

La loi du Karma dit que chaque cause connait un effet et que chaque effet est dû à un enchainement de causes. Cela signifie que pour chaque pensée que vous avez et chaque action que vous faites, vous en récoltez les fruits comme si c'étaient des graines que vous semiez. La loi du karma prend racine dans les intentions de chacun. Ainsi, on peut donner à une personne en se sentant mal car on l'a fait à contrecœur. Dans ce cas, au lieu de semer une graine qui nous apportera plus d'amour et de gratitude comme on pourrait l'imaginer, on récoltera des expériences portant la même charge émotionnelle que celle avec laquelle on a donnée.

C'est pourquoi il est important de toujours être aligné avec qui l'on est de façon à ce que nos actions soient en accord avec les lois de l'univers.

La loi du karma est une loi extrêmement puissante et récompense et punit chaque individu à chaque instant. D'une façon générale, un individu a 2 choix dans sa manière et vivre et d'évoluer. La manière douce avec des épreuves relativement faciles à vivre pour apprendre des leçons de la vie tranquillement. Et pour ceux qui sont littéralement fermés à tout changement, la manière forte qui se matérialise par des événements très douloureux. Ils sont d'ailleurs d'autant plus douloureux puisque ces personnes ne comprennent généralement pas pourquoi elles vivent ce genre d'expériences désagréables qui les mettent à bout.

Pourtant, même les personnes très positives reçoivent des challenges qui sont liés à leurs croyances personnelles, dont elles ne sont pas forcément conscientes. Mais ces dernières réagissent différemment face à ces événements, et ainsi épurent leur dette karmique de façon plus agréable.

Ce qu'il faut retenir de tout cela, c'est que vous devez être conscient que toutes les vibrations que vous émettez dans l'univers vous reviendront à un moment ou à un autre. De plus, comprenez bien que la loi du karma n'est pas négative, comme elle l'est perçu souvent. Elle ne fait que répondre à des causes en amont pour vous donner les effets associés. Elle répond à la fois aux intentions positives et aux intentions négatives.

Je reviens ici sur les notions de récompense et de punition. J'ai précisément utilisé ces termes comme illustration mais nous sommes ici dans le jugement. Il n'y a pas de bien ou mal, bien qu'il y ait des intentions positives ou négatives. L'univers ne juge pas. Il répond simplement à ce qu'on lui donne. Ainsi, lorsque vous avez une intention négative, l'univers vous le rendra plus tard sous la forme d'épreuves à vivre pour comprendre comment élever votre vibration. Tout est toujours lié à l'Être. Ce n'est pas parce que vous avez mal agi que vous êtes puni. Si vous avez mal agi, l'univers vous donnera simplement matière à réfléchir et à expérimenter pour vous faire retrouver le chemin le plus fluide et naturel qui existe et qui est celui de l'amour. Et cela peut se matérialiser par des situations difficiles à vivre.

Les lois du karma et de l'attraction fonctionnent ensemble tout comme les autres lois de l'univers. Certaines lois ont plus d'importance que d'autres et passent donc en priorité. C'est un sujet que nous allons aborder maintenant pour que vous puissiez aller plus loin si vous le souhaitez.

Y-A-T-IL D'AUTRES LOIS QUE JE DOIS CONNAITRE COMME LA LOI DE L'ATTRACTION ?

Oui, en réalité, il y en pas mal. Mais la loi de l'attraction est à mon sens la plus importante à connaître et c'est pourquoi je focalise la plupart de mes efforts dessus. Toutefois, vous m'avez entendu parler de bien d'autres lois dans cet ouvrage et je vais vous les redonner ici.

La loi de l'équilibre

Tout dans l'univers est équilibre. Tout est dualité. C'est également le principe du Yin et du Yang qui ne montre que rien n'est jamais tout blanc ou tout noir mais toujours une subtile combinaison des deux. Tout connaît son contraire dans le monde. L'amour et la haine. La joie et la colère. La confiance et la peur. Le haut et le bas. Avancer et reculer. L'infini et le fini. L'abondance et le néant. Le masculin et le féminin. Etc. Le symbole du Yin Yang montre que le Yin pur et le Yang pur n'existe pas dans un monde duel. Mais que tout est une combinaison des deux. Ainsi l'abondance financière et la pénurie financière sont une seule et même chose vibrant à un degré différent. Une situation financière où l'on a juste ce dont on a besoin correspondrait à un équilibre de ces polarités. C'est cette dualité qui caractérise le monde en trois dimensions.

Bien évidemment, cette loi fonctionne avec une complexité telle que l'on ne peut en appréhender le fonctionnement à chaque instant. Pourtant, elle est présente dans tout ce que vous faites. Chaque fois que vous émettez une vibration particulière, c'est-à-dire que vous envoyez ou donnez, vous recevrez en retour d'autres vibrations pour compenser. Tout est toujours une affaire d'équilibre.

Par exemple, il serait dommage de penser que l'on peut gagner de l'argent sans dépenser le moindre centime. Le flux d'argent qui arrive dans votre compte en banque ne peut exister que si vous avez également des flux sortants. De même qu'être heureux sans aimer qui que ce soit et sans faire d'actions empreintes d'amour.

C'est également le principe du donner pour recevoir. Toutefois, retenez toujours que nous parlons de vibrations. Donner dans l'idée de recevoir n'est pas donner. Ou alors c'est donner avec l'égo et non le cœur, ce qui est une vibration toute autre.

C'est ce point-ci qui nous intéresse. Comprendre pleinement comment l'univers fonctionne est bien trop complexe à comprendre avec les moyens dont nous disposons. Ce qui est à retenir en revanche est que l'équilibre est présent en toute chose et que vous agissez sur cet équilibre à chaque instant.

En faisant pencher la balance d'un côté, vous jouez sur cet équilibre qui se rétablira de lui-même de différentes façons. En donnant ce que vous avez de meilleur, vous agissez alors au cœur même de votre bien-être et de votre réussite.

J'en profite pour introduire une autre notion. Le bien et le mal sont les deux côtés d'une même pièce. Tout comme le haut et le bas. Tout comme chaque opposé. Chaque opposé est une seule et même chose mais à un degré différent, à une vibration différente. Ainsi l'abondance financière et la misère sont une seule et même chose mais à une vibration différente. Vous connaissez donc déjà cet état dont il vous suffit de changer la vibration pour l'expérimenter dans votre vie.

La loi de la moindre résistance

N'avez-vous jamais remarqué qu'il vous arrive de lutter plusieurs mois pour arriver à un résultat sans succès et que lorsque vous finissez par vous y désintéresser, ça arrive dans votre vie ?

Ce phénomène est l'illustration d'une des lois fondamentales de la nature qui est celui de la moindre résistance. L'énergie va toujours là où elle peut circuler le plus librement. Si vous creusez une tranchée pour faire circuler de l'eau et que vous encombriez celle-ci à certains endroits, alors l'eau va moins bien circuler. C'est le même principe avec l'énergie et donc avec ce que vous obtenez dans la vie.

Beaucoup d'entre nous sont souvent partagés. Partagés entre le fait de vouloir quelque chose et les changements que cela impliquera, ou même tout simplement la crainte de ne pas l'obtenir.

Ce sont des éléments qui se confrontent de face et empêchent ou limitent l'accès à ce que vous voulez. Pourtant, la vie vous donne tout que vous voulez, tout ce que vous demandez et tout ce dont vous avez besoin, à condition de lui en laisser la possibilité.

La plupart des personnes qui essaient d'appliquer la loi de l'attraction consciemment dans leur vie n'y arrivent pas. La raison en est qu'elles ne laissent pas l'énergie circuler librement. Au lieu de focaliser sur ce qu'elles veulent et de laisser l'univers amener ce qu'elles ont demandé, elles vont se poser de multiples questions, douter, avoir peur, etc. Tout ce qui peut empêcher l'univers de vous donner ce que vous avez demandé.

Or, la clé pour appliquer cette loi dans son quotidien est de lâcher-prise sur tout cela et de comprendre que moins vous vous tracasserez avec ce qui est censé arriver, plus vite cela arrivera. Cette loi nous invite alors à être dans l'action conscience, dans le moment présent et à toujours aller de l'avant quoi qu'il arrive.

La loi des cycles

Tout est cyclique dans la vie. Regardez les alternances de jour et de nuit, de saison, de respiration et d'expiration, de naissance et de mort, de croissance et de récession. Tout suit toujours cette même logique.

Vous devez en être conscient dans vos projets, dans vos aspirations, dans vos états d'énergie, tout est toujours cyclique. Vous ne pouvez être au top de votre forme en permanence. Vous ne pouvez tout réussir en permanence. Vous ne pouvez voir clair en permanence. Car la vie est ainsi faite pour que vous ayez des remises en question régulières, pour que ce qui vous intéressait pendant un temps vous redirige vers de nouvelles choses qui intensifieront la passion en votre cœur naturellement. Vous êtes un être qui vit au rythme de la Nature, même si on s'en est fortement éloigné pendant ces derniers siècles. Nous sommes toujours dépendants de ces cycles. Et vous vous devez de les accepter. Vous vous devez d'accepter que parfois vos affaires marchent moins bien. Vous vous devez d'accepter que certaines choses doivent disparaître au profit d'autres. Vous devez accepter que tout est changement dans la vie de part cette loi des cycles.

Cette loi est aussi celle qui nous apprend à donner. Car donner et recevoir sont intimement liés. La personne qui n'est pas prête à donner n'est pas prête à recevoir, tout simplement. Vous devez pouvoir donner de votre temps, de votre énergie, de ce que vous possédez, donner à vous-même et aux autres, donner de l'amour, partager. Tout ceci fait partie d'un processus naturel qui vous permet de recevoir plus en retour.

Prenez conscience de tous ces cycles qui nous composent et nous entourent. Et pensez également à notre façon de vivre en règle générale. Vous constaterez qu'il y a un déséquilibre immense. L'important est de noter que l'on peut rétablir cet équilibre par des actions concrètes dans sa vie et l'instauration d'habitudes plus justes et saines pour soi, les autres et notre environnement.

La loi de l'énergie, du mouvement et de l'attention

Là où il y a de l'attention, l'énergie coule à foison. *Where attention goes, energy flows.*

La loi de l'attention nous dit que l'énergie va toujours là où on lui dit d'aller. Si rien ne lui fait obstacle, elle abondera dans ce vers quoi il lui est le plus facile d'aller.

Ainsi, plus nous focalisons notre énergie sur un élément en particulier, plus celle-ci prendra racine et existera de façon durable dans notre vie.

Toutefois, si notre attention est tournée vers ce que l'on ne désire pas, alors l'énergie abondera dans ce sens. Si elle rencontre des obstacles comme des croyances limitantes, elle cherchera un autre chemin. L'énergie ne reste jamais statique, elle est en mouvement permanent.

D'ailleurs, rien n'est permanent dans l'univers, si ce n'est le fait que tout évolue. Ainsi, tout fluctue, bouge, danse, circule en permanence. C'est également ce que l'on appelle le principe de vibration qui dit que tout vibre dans l'univers. L'énergie bloquée en un endroit causera des dissensions. C'est ainsi que naissent les maladies par un déséquilibre d'énergie, c'est-à-dire un manque ou un surplus, dans une région donnée de nos corps (non uniquement notre corps physique).

La loi de l'amour

La loi de l'amour est certainement la plus importante de toute. Le fait est qu'une pensée empreinte d'amour est inarrêtable car la vibration d'amour est la plus haute en vibration de l'univers.

Ainsi, plus vous cultivez ce sentiment d'amour dans votre vie, plus celle-ci s'embellit sur tout ce sur quoi vous focalisez votre attention. Le sentiment d'amour est également très proche de la joie profonde, de la gratitude ou encore de la paix. D'une façon générale, chaque fois que vous vous sentez bien, vos pensées sont empreintes de ces émotions positives et tout l'univers conspire alors à vous apporter ce que vous demandez.

Il est vain de penser que l'on peut combattre le mal par le mal. Combattre nos peurs, nos doutes, les conflits en réagissant de façon négative, en se sentant mal, en méprisant ces douleurs, tant physiques qu'émotionnelles, revient à les amplifier.

C'est pourquoi les grands sages nous invitent à être dans l'amour et la compassion lors d'événements tragiques comme des guerres ou des attentats. Car ressentir de la peur et de la haine revient à donner de la force à ces entreprises-là.

Plus vous cultiverez l'amour dans votre vie, plus vous vous sentirez bien et plus vous avancerez sereinement dans votre mission de vie.

Voilà donc quelques lois qui s'illustrent parfaitement avec la loi de l'attraction. C'est autant de principes associés à chacune de ses lois qui peuvent vous apporter du soutien dans votre vie et tout ce que vous faites.

TOME 3

ALLER PLUS LOIN

Je vous remercie infiniment d'être arrivé au terme de cet ouvrage qui je l'espère vous aura apporté de nombreuses réponses à vos questions. Je vous rappelle que ce n'est que le début du chemin pour vous !

Vous pouvez continuer l'aventure en lisant mon livre sur les sept secrets cachés sur la loi de l'attraction ou celui sur les lois universelles qui ira davantage en profondeur. Vous pouvez également prendre part à la formation que je vous offre sur l'éveil véritable sur https://lecerclecristal.fr ou encore me rejoindre lors d'un stage.

Pensez également à laisser un commentaire sur Amazon si cela vous semble juste et n'hésitez pas à me faire tout retour par email. Je vous souhaite de vivre pleinement cette expérience de vie sur Terre et d'incarner pleinement ce que Vous êtes en Essence. Plein de belles vibrations vers vous et à très bientôt.

Dorian Vallet

REMERCIEMENTS

Je tiens à remercier la Vie de m'avoir mis sur ce chemin de la connaissance qui me permet aujourd'hui de vivre librement et de partager ce qui me tient à cœur.

Je tiens à remercier Maëg Moreau pour son précieux travail et ses conseils avisés à la relecture de ce livre.

Merci à mes proches et à mes amis de me soutenir et d'être là lorsque cela m'est nécessaire.

Merci aux lecteurs de Plateforme Bien-être et à toutes les personnes qui me soutiennent et me font des retours sur tout ce que je fais dans l'authenticité la plus totale.

TOME 3

DU MEME AUTEUR

LA VIBRATION ORIGINELLE : EXPRIMEZ VOTRE PLEIN POTENTIEL EN ACCORD PARFAIT AVEC VOTRE AME

Ce livre est un trésor vous permettant d'incarner l'énergie de votre âme dans votre corps physique. Vous y découvrirez comment vous connecter à la Source, libérer votre ombre et les émotions cristallisées et comment permettre à votre âme de s'exprimer inconditionnellement dans votre vie.

VIVRE EN ACCORD PARFAIT AVEC LES LOIS UNIVERSELLES

Ou comment vivre l'Unité au sein de la Dualité en s'accordant avec les lois de l'Univers qui sont immuables et surpassant largement les lois humaines. Ce livre vous aide à vous Libérer de vos chaines et à œuvrer pour la Libération de l'Humanité.

7 SECRETS CACHES SUR LA LOI DE L'ATTRACTION

Ou comment appliquer la loi de l'attraction à votre avantage. Vous y découvrirez du contenu qui n'existe nulle part ailleurs et qui vous donne les véritables clés pour créer la magie dans votre vie. C'est mon livre phrase sur la loi d'attraction qui est à aujourd'hui unanimement apprécié.

POUR CONTINUER VOTRE CHEMIN AVEC MOI

SITE OFFICIEL : DORIAN VALLET
https://www.dorianvallet.fr/

Vous trouverez en une page tout ce que Je Suis et ce que je propose pour vous guider vers l'Eveil Véritable et l'incarnation de la Conscience Universelle et de 5e dimension.

LE BLOG TERRE CRISTALLINE
https://terrecristalline.fr/

Des centaines d'articles et de vidéos de grande qualité, ainsi que les informations sur les web-ateliers et les stages

LE CERCLE CRISTAL
https://lecerclecristal.fr/

Un espace sacré en ligne afin de vous guider à travers les web-ateliers et les formations.

CHAINE YOUTUBE : PLATEFORME BIEN-ETRE
https://www.youtube.com/c/PlateformeBienetre

Des vidéos chaque semaine pour vous guider vers votre plein rayonnement.

FACEBOOK
https://www.facebook.com/TerreCristalline/

Des vidéos, articles, citations et partages de contenus qui ont attiré mon attention.